VADIM TSCHENZE

# Kosmische Befreiung



GOLDMANN

Vadim Tschenze

# KOSMISCHE BEFREIUNG

## Durch die Kraft der Planeten zu einem besseren Karma

GOLDMANN

Hinweis: Alle Angaben wurden nach bestem Wissen und aktueller Fachkenntnis sorgfältig erstellt. Dennoch erfolgen alle Angaben ohne Gewähr. Der Verlag und der Autor übernehmen keine Haftung für eventuelle Schäden, die aus den im Buch gemachten Hinweisen resultieren. Weiterhin möchten wir Sie darum bitten, bei Krankheit oder Beschwerden ungewisser Herkunft jegliche Selbstmedikation zu unterlassen und unbedingt einen Arzt oder Heilpraktiker aufzusuchen, damit dieser eine Diagnose stellen kann.



MIX
Papier | Fördert gute Waldnutzung
FSC® C014496
www.fsc.org

Penguin Random House Verlagsgruppe FSC® N001967

1. Auflage
Originalausgabe Januar 2023

in der Penguin Random House Verlagsgruppe GmbH,
Neumarkter Str. 28, 81673 München
Umschlag: Uno Werbeagentur, München
Umschlagmotiv: FinePic®, München
Redaktion: Ingrid Lenz-Aktaş
Satz: Satzwerk Huber, Germering
Druck und Bindung: GGP Media GmbH, Pößneck
Printed in Germany
SC · CB
ISBN 978-3-442-22353-4

# INHALT

# DANK

Ich danke meiner Familie, dass sie mir die Liebe zum spirituellen Denken geschenkt hat. Ich bedanke mich beim Universum und bei meinen Engeln. Ein besonderer Dank gilt meinen Schülern und den Anhängern meiner russischen, schamanischen Lehre und meinem Verlag.

Vadim Tschenze

# VORWORT

Liebe Leserin, lieber Leser,

wir leben in einer besonderen Zeit der Impulse. Wir erleben diese Zeit sehr intensiv, denn diese neue Zeit verändert unser Karma. Das geschieht jedoch nicht automatisch. In diesem Buch geht es um Ihre bewusste Karmaverbesserung und Umwandlung Ihres Karmas durch kosmische Impulse der Planeten und durch Galaxien.

Seit über 20 Jahren praktiziere ich als Lebensberater, Schamane und Coach und erforsche paranormale Phänomene. Ich las viele Bücher und schrieb einige selbst. Schon als Kind erfuhr ich, dass es mehr in dieser Welt gibt, als man mit der Hand anfassen kann – das Karma unserer unsterblichen Seele.

Viele Themen, die wir erleben – ich sage an dieser Stelle bewusst Themen und nicht die Probleme, die wir erleiden –, kommen durch karmische Gesetze. Das Thema Karma im Sinne von Ursache und Wirkung ist interessant und wirft die Grundfrage auf, wozu wir überhaupt auf diese Welt kommen und was wir hier erledigen dürfen. Ich bin vollkommen davon überzeugt, dass wir unser Leben verändern können, und zwar jede Sekunde unseres Daseins. Wir können das Leben zum Besseren verwandeln, wenn wir einen Leitfaden an der Hand haben. So ein Leitfaden ist dieses Buch, das Sie in Ihren

Händen halten. Es gibt Ihnen Antworten und eine konkrete Anleitung, wie Sie Ihr Leben leichter gestalten können.

Mir ist natürlich bewusst, dass ein Buch nicht alle auftretenden Fragen beantworten kann. Denn Karma ist eine endlose Materie. Sollten Sie Interesse an Seminaren oder persönlicher Beratung haben, können Sie sich mit mir in Verbindung setzen.

# ZUM AUTOR

Vadim Tschenze wurde am 10.08.1973 in Fergana, Usbekistan, geboren. Er lebte lange in Usbekistan, später im Allgäu und in München. Seit vielen Jahren lebt und arbeitet er in der Schweiz. Sein spirituelles Wissen über die Parapsychologie, Naturheilkunde und Esoterik ist ein Familienerbe. Seit vielen Generationen arbeitet seine Familie im Bereich Heilen und spirituelle Beratung. Er selbst sagt: »Meine Oma hat mir die Liebe zu der Spiritualität eingeimpft.«

Vadim Tschenze berät seine Kunden persönlich und auch telefonisch in Sachen Karma, Gesundheit, Schamanismus und Parapsychologie, zudem hat er eigene Sendungen bei verschiedenen TV-Sendern. Nach seinem ersten Buch zur Naturmedizin aus Russland veröffentlichte er mehrere Bücher zu Karma, Matrix und Vetucha-Heilung. Darin offenbart der Autor sein geheimes Wissen und ermöglicht seinen Lesern, die wichtigsten spirituellen Themen zu verstehen und anzuwenden.

# WAS IST KARMA?

Wenn wir dieses Wort hören, können wir es nicht immer einordnen: Ist das etwas Schlechtes oder etwas Gutes? Nun, Karma ist eine seelische Erfahrung. Sie kann positiv, negativ oder unbelastet (neutral) ausfallen. Jede Seele kommt auf die Erde, um etwas Besonderes zu lernen und zu erforschen. Wir begreifen diese Welt durch das Karma und entwickeln uns zu einem Lichtwesen. Schließlich sind wir alle besonders. Deshalb sammelt jeder von uns in verschiedenen Leben viele positive sowie negative Erfahrungen. Diese Erfahrungswerte ergeben unser Karma.

Da wir nicht zum ersten Mal auf der Erde gelandet sind, hat jeder von uns sein besonderes Karma mitgebracht. Unsere Seele durfte in verschiedenen Leben Erfahrungen sammeln. Sie lernt auch heute, in diesem Moment. Dadurch entsteht ein neues Karma – jede Sekunde unseres Lebens. Genau deshalb kann jeder Mensch sein Karma korrigieren und umwandeln.

Der Mensch selbst ist es also, der sein Karma erschafft und verarbeitet. Denken Sie deshalb daran, was Sie richtig oder falsch in Ihrem Leben machen, denn was Sie gesät haben, werden Sie auch irgendwann ernten. Jeder Mensch schreibt seine Vergangenheit selbst. Dadurch ergibt sich auch die Gegenwart, die ihrerseits die Zukunft vorbereitet und schreibt. Dies ist das Kettengesetz des Karmas. Gestern macht heute – heute macht morgen – morgen macht übermorgen. Jeder von uns gestaltet die eigene Zukunft zu einem großen Teil selbst. Was wir heute schaffen, wird uns Jahre später noch beeinflussen. Denn das Karma ist das große Gesetz der Gesetze. Es gibt nichts stärker Wirkendes als das Karma selbst. Dieses Gesetz hat aber keinen anderen Gesetzgeber als uns. Wir selbst bestimmen unser Karma durch unsere Taten und Einstellungen in diesem Leben. Wichtig ist, dass alles harmonisch miteinander, aber nicht gegeneinander existiert. Die Welt ist wie eine Waage, alles muss ausgewogen sein.

Selbstverständlich gibt es in unserem komplizierten Universum einen Sinn. Ich sage immer wieder: Auch wenn das Karma uns leiden lässt, hat das Karma einen tieferen Sinn. Auch eine karmische Beziehung, die unsere Nerven strapaziert und überfordert, die uns leiden lässt, hat einen Sinn. Karma ist eine Einheit, die einen Teil des Planes des Universums darstellt. Dieser Plan ist auf Harmonie gerichtet. Sollte etwas geschehen, das universell gesehen ein Durcheinander in die Materie bringt, handelt das Karma sofort und gleicht das Durcheinander aus. Karma ist ein Mittel, das Harmonie und Gerechtigkeit wieder herstellt. Es folgt diesem Gesetz: »Richte andere nicht, und du wirst nicht gerichtet. Lass alles nach höchsten Gesetzen laufen.« So ist das zum Beispiel mit dem Ego. Haben wir zu viel davon, ist es schlecht. Haben wir zu wenig, ist es noch schlimmer. Jeder Mensch muss darauf achten, dass anderen geholfen wird. Genauso sollte jeder sich selbst nicht vergessen und ein gewisses Maß an Ego bzw. Selbstliebe besitzen. Der Mensch ist der Mittelpunkt des Lebens. Wer sich selbst vergisst, wird von oben bestraft. Zu egoistisch zu sein ist belastend, zu wenig Ego zu haben ist tödlich. Jeder Mensch kommt auf die Erde, um eigene Aufgaben zu erledigen und ist deshalb besonders wichtig. Deshalb sollten wir versuchen, uns selbst als Mittelpunkt des Daseins zu sehen und uns nicht blind unterordnen. Wir können nicht das Karma von anderen Menschen angreifen oder abtragen, das muss jeder schon selbst tun. Wir dürfen das nicht einmal machen. Sollten wir uns in ein fremdes Karma einmischen, greift das oberste Karmagesetz ein und stellt die ursprüngliche Harmonie wieder her. Man sagt, dass nicht einmal die Götter ins Karma eingreifen dürfen.

Die Karmalehre zählt zu den Grundlehren der Menschheit. Sie lehrt uns, den Sinn des Lebens zu finden, und gibt uns den Schlüssel zur Lösung vieler Probleme, insbesondere, wenn es um Liebes- oder Gesundheitsprobleme geht. Karma ist das Gesetz von Aktion und von Reaktion. Es ist das Gesetz der Gerechtigkeit und Energien, die unser Leben mitbestimmen.

Die Theosophin Helena Petrovna Blavatsky bezeichnete das Karma als das höchste Gesetz des Universums, Quelle und Ursprung aller anderen in der Natur existierenden Gesetze. Ich teile diese Meinung voll und ganz.

Dass wir dem Begriff Karma heutzutage nahezu täglich begegnen, ist nicht überraschend. Gewisse Handlungen rufen immer bestimmte, dazugehörige Folgen hervor. Das gehört zum irdischen Gleichgewicht. Fassen Sie mit Ihrer Hand ein heißes Bügeleisen an, verbrennen Sie sich. Niemand kann erwarten, dass es dabei zu keiner Verbrennung kommt. Das ist für uns selbstverständlich. Dieses karmische Gesetz können wir überall wahrnehmen. Es ist logisch. Für viele von uns ist es aber nicht immer nachvollziehbar, dass dieses Gesetz in allen Lebenslagen wirkt. Es ist universell, und auch unser Leben verläuft nach diesem Gesetz. Beleidigen Sie Menschen, werden auch Sie beleidigt. Helfen Sie einem Menschen, wird auch Ihnen irgendwann geholfen, so einfach ist das.

Aus den oben stehenden Gedanken geht deutlich hervor, dass Karma ein Grundgesetz des Universums ist. Jede unserer Handlungen, jeder Gedanke und jede Reaktion darauf beeinflussen unser Leben und das Leben vieler anderer. Besonders wirkt es auf andere Menschen, die in unserer unmittelbaren Nähe sind, Menschen, die wir oft vergöttern oder lieben. Sogar Lebewesen (Pflanzen, Tiere, Menschen), die weit von uns entfernt sind, können durch uns und unsere Handlungen beeinflusst werden. Erleiden wir etwas Negatives, reagieren die Pflanzen in unserer Wohnung negativ darauf. Warum ist das so? Weil unsere Handlungen und auch unsere Gedanken eine starke Energie darstellen. Diese Energie ist real, begleitet uns überall und ist kurz gesagt die Energie, die unser Potenzial darstellt.

Unsere Fehler fallen nur auf uns zurück, von ganz allein. Und ein Mensch bestimmt sein Leben selbst, indem er aus verschiedenen, vom Schicksal vorgegebenen Wegen einen bestimmten Weg auswählt und auf diesem bleibt. Alternativen im Leben haben wir mehr als genug. Was wir mit unserem Leben anfangen, liegt also in unseren Händen. Wir sind unser eigener karmischer Weg. Die karmische Reihenfolge »Eine Tat ist Ursache, und daraus folgt eine Wirkung« ist der Kern aller Karmagesetze. Daraus resultiert, dass es keine Zufälle gibt und alles nach und nach als eine Kettenreaktion verschiedener Handlungen funktioniert. Alles, was wir heute machen, hat eine Nachwirkung in der Zukunft. Platzt heute ein Knoten, werden weitere Knoten Jahre später platzen können.

Meiner Auffassung nach ist das Karma eine große Einheit, die sich auf das Prinzip von Ursache und Reaktion bezieht.

Karma ist aber kein unabwendbares Schicksal. »Karma« ist ein Wort aus dem Sanskrit und bedeutet »Wirkung nach einer Ursache«. Das Gesetz von Ursache und Wirkung stimmt tatsächlich. Schauen wir uns nur einmal wirklich bewusst um. Unser ganzes Leben besteht aus Übergangsphasen, in denen wir uns weiterentwickeln: vom Baby zum Erwachsenen und dann zum alten Menschen. Im Kosmos ist alles auf Entwicklung ausgelegt. Und auch unsere Seele erlebt eine Weiterentwicklung.

Im Wort Karma verbirgt sich das Wissen vom höheren Selbst. Die Erfahrung des »Selbst« ist es, was uns die karmischen Gesetze erklärt, denn unser Leben wird von diesen Gesetzen beherrscht. Das Wort Karma bedeutet »handeln, tun«. Wir handeln in unserem Leben selbst. Und jeder von uns entscheidet folglich selbst, wie schnell er sein Karma abträgt und wo er heute steht. Man kann also sagen, dass wir selbst unser eigenes Karma sind.

Um das Karma zu verstehen, ist es notwendig zu begreifen, dass das Universum eine Einheit ist. Wir sind dabei in einem Organismus die Zellen, die diesen zusammensetzen, einen Organismus, der aus einer unermesslich großen Anzahl von Zellen zusammengesetzt ist. All diese Zellen funktionieren nach den Gesetzen dieses Organismus. Das Wirken unseres Karmas in den materiellen, inneren, spirituellen Bereichen hat eine starke Wirkung auf jeden von uns. Ja, auf jeden! Sogar andere Wesen haben ein Karma. Alles um uns herum hat eines. Jede Pflanze, jedes Tier und jeder Stein hat ein Karma mitgebracht.

Ich bekam einmal die Frage gestellt: »Haben Haustiere, haben Hund und Katze auch ein Karma? Denn es gibt ja Tiere, die werden sehr gut gehalten, und leider gibt es auch Tiere, die werden weniger gut gehalten und gequält.« Ja, natürlich, auch

Tiere haben ein Karma. Jede Energie, die auf die Erde kommt, muss etwas lernen. Ich bezeichne die Erde als »Grundschule der Seelen«. Auch Katzen und Hunde und alle anderen Lebewesen entwickeln sich weiter. Energie soll eben vollkommen werden. Allerdings gibt es dazu unterschiedliche Meinungen. Viele sagen, dass eine Tierenergie (kleine Seele) sich zur menschlichen Seele entwickelt und die Menschen ihrerseits die Erde langsam verlassen sollten, um sich auf die nächste Energiestufe zu steigern. Tiere steigen auf die Stelle des Menschen und regieren später die Erde. Damit meine ich, dass die Tierseelen reifen und zu größeren menschlichen Seelen werden, während wir die Erde irgendwann verlassen dürfen oder müssen.

Karma wird immer neu gebildet. Karma ist eine Erfahrung der Seele, die diese in verschiedenen Inkarnationen sammelt. Somit steht die Reinkarnationslehre in engem Zusammenhang mit dem Begriff Karma. Vergessen Sie nie: Alles ist energetisch aufgeladen, alles ist Energie. Auch unsere Taten, unsere Gedanken und unsere Wünsche, die wir nach oben senden, sind energetisch stark geladen. Zusammen bauen sie unsere Zukunft auf. Schlechtes zieht Schlechtes an, deshalb sollten Sie immer darauf achten, was Sie denken. Positives Denken ist ein Karmagesetz. Denken Sie positiv, werden Sie gute Energien bewegen können. Sollten Sie zweifeln oder negativ denken, aktivieren Sie damit negative Energieströme. Wir ahnen nicht einmal, mit welchen dynamischen Energien wir in unserem Leben zu tun haben!

Versuchen Sie deshalb, bevor Sie irgendwelche Entscheidungen treffen, sich etwas Zeit zum Überlegen zu nehmen. Denn für jede Handlung benötigen wir Energien. Handeln wir zu schnell, setzen wir Energien frei, die wir nicht mehr einfangen können. Und welche Energien in Bewegung gesetzt werden, sollten wir selbst einplanen, bevor wir zur Tat schreiten; denn eines Tages werden diese Energien ihre Wirkung zeigen, um die karmische Harmonie wiederherstellen zu können. Wenn wir das Universum als eine organische Einheit betrachten, dann werden wir unser Leben anders sehen. Das Leben ist nämlich wie ein Spinnennetz, das uns umgibt, ein Spinnennetz mit Tausenden Verknüpfungen. Alles hängt miteinander zusammen …

Unser Leben ist oft nicht gerecht. Wir haben immer wieder Zweifel oder leiden unter Ängsten vor der Zukunft. Der Kopf raucht, und die Gedanken fliegen hin und her. Wir werden auch hin und wieder von Schuldgefühlen geplagt. Jeder Mensch erlebt im Laufe seines Lebens Tiefen und Höhen. Sie gehören zu unserem Karma und unserem Lebensplan. Um die Höhen zu schätzen, braucht der Mensch auch die Tiefen, denn unsere Welt ist dual, und sie funktioniert nach karmischen, energetischen Gesetzen. In melancholischen Momenten wissen wir oft nicht, wie es weitergeht, und es tauchen Fragen auf, zum Beispiel:

Was soll ich unternehmen, um endlich glücklich zu werden?
Soll ich mich besinnen und soll ich loslassen?
Soll ich vielleicht nach höheren Zielen suchen?
Welche Wahl ist die richtige für mich?
Was sind meine Lebensziele und Träume?
Lebe ich überhaupt richtig?
Habe ich ein gutes Karma, oder soll ich mein Karma verbessern?
Begreife ich diese Welt wirklich?

… und viele weitere tiefsinnige Fragen.

Weshalb empfinden wir unser Dasein oft als schlecht und unangenehm? Woran liegt es, dass wir leiden müssen oder unsere Ziele, die wir uns selbst gesetzt haben, doch nicht erreichen können? Die Antwort auf diese Fragen ist einfacher, als Sie denken. Vieles liegt an unserem Karma.

Das Karma lässt sich als eine energetische Materie definieren, die uns im Leben begleitet, und aus den Energien unseres Vorlebens, Talenten und Tugenden sowie aus alten Schulden besteht. Diese Energiemischung macht uns zu dem Menschen, der wir sind, und leitet uns in unserem Leben heute. Die energetische Materie ist einem Programm vergleichbar, das unsere Taten heute mitbestimmt, und ist in unserem Aurafeld sowie in unserem Herzchakra gespeichert. Unser Karma hat viele veränderbare Facetten. Wir bringen viele Vorlagen (Talente, Gaben und unseren Charakter) aus dem Vorleben mit, und wenn Sie mein Buch *Wer war ich in meinem früheren Leben* gelesen haben, kennen Sie bereits die Antwort, welche Vorlagen Sie mitgebracht haben.

Also, was ist Karma? Karma ist die Summe der Taten und der Einstellungen, die unsere Seele in vielen verschiedenen Inkarnationen gesammelt hat. Es ist eine Mischung aus Energien. Man nennt diese energetische Mischung auch den »Lebensplan« oder »das eigene Karma«. Wir haben dazu noch ein Familienkarma, zusätzlich entstehen ein Beziehungskarma durch unsere Mitmenschen und auch das kollektive Karma der Gesellschaft. Alle diese Karma-Arten können Sie sich als Rucksäcke vorstellen, die Sie auf Ihrem Rücken tragen. Doch einige Menschen haben leere Rucksäcke, weil sie viele Dinge losgelassen haben, und andere haben überfüllte und schwere Rucksäcke, weil sie gegen (für) das Karma nichts unternehmen.

Was genau sollen wir auf der Erde lernen? Was ist heute für uns wichtig? Was sollten wir tun? Das wichtigste Karmathema ist, dass wir uns selbst als einen glücklichen und liebevollen Menschen erkennen und uns fokussieren. Das Hier und Jetzt ist dafür wie geschaffen. Genau heute können wir neue Erfahrungen sammeln, um das Karma zu ändern und zu verbessern. Ich nenne diesen Weg den kosmischen Weg der Befreiung. Wichtig dabei ist, nicht zu vergessen, dass all unsere Erfahrungen nicht nur in diesem Leben gesammelt, sondern aus verschiedenen Leben mitgebracht werden. In einem Leben lernen wir zu bekommen und in einem anderen Leben abzugeben, somit lernen wir das Gute sowie das Schlechte kennen. Es gibt verschiedene Themen, die unsere Seele zu erledigen hat. Kosmologen zufolge sind es exakt 43 Themen. Zu diesen Themen komme ich später in diesem Buch. Natürlich können wir in einer einzigen Inkarnation nicht alle Themen stemmen. Wir tragen eher Leben für Leben immer wieder etwas von jedem Thema ab. Doch durch Tausende Inkarnationen sind unsere Seelen mittlerweile so weit, dass sie sich ziemlich gut entwickelt haben. Viele der Themen sind erledigt, und die Seele braucht neue Themen für ihre weitere Entwicklung. Zu diesen Themen gehören die Spiritualität, das kosmische Wissen und die Liebe.

Wie bereits erwähnt, gibt es mehrere Karma-Arten. Die wichtigsten sind:

- eigenes Karma
- Familienkarma
- Beziehungskarma
- kollektives Karma

Stellen Sie sich vor, Sie sind ein Samen. Sie fallen in die Erde und entwickeln sich zu einer prächtigen, schönen Pflanze. Dabei spielt die Erde die Rolle des Familienkarmas, in dem Sie wachsen dürfen. Die Erde gibt Ihnen die nötigen Stoffe, damit Sie als Pflanze wachsen können. Das sind die »Mineralien« bestimmter Verhaltensmuster und der Liebe. Doch fällt nicht jeder Samen in gute und fruchtbare Erde. So muss sich die Pflanze durchkämpfen, um zu überleben. Irgendwann ist die Wurzel Ihrer Pflanze gut entwickelt. Nun sorgen Sie sich nicht mehr darum, wie die Erde, sei sie nun fruchtbar oder nicht fruchtbar, ist, sondern Sie sorgen sich um Ihren Stamm. Er symbolisiert Ihr eigenes Karma oder Ihren Lebensplan. Er wächst in die Höhe und wird immer stabiler. Das eigene Karma wird ab dem 18. Lebensjahr immer wichtiger. Eine Pflanze hat jedoch auch Zweige und Blätter. Sie symbolisieren das Beziehungskarma. Hier sind Ihre Mitmenschen. Auch sie sind wichtig für Ihre Entwicklung. Zum Beziehungskarma gehören nicht nur Ihre Liebesbeziehungen, sondern alle zwischenmenschlichen Beziehungen, die Sie eingehen. Ab und zu weht starker Wind, es regnet, oder ein Vogel sitzt auf Ihren Zweigen und knabbert daran. Das ist der nächste Rucksack, das kollektive Karma der Gesellschaft.

All diese Karma-Arten wirken gleichzeitig auf Sie ein, sie kommunizieren miteinander und bestimmen Ihr Leben mit. Alles in der Welt ist schließlich miteinander verbunden. Die Welt ähnelt einem großen Ozean aus verschiedenen Energien, die einander beeinflussen. Wir schwimmen in diesem Ozean des Karmas. Dabei wird unser Leben durch die verschiedenen Karma-Arten gelenkt. Jeder Mensch steht unter dem Einfluss des Zusammenspiels der Karma-Arten. Doch welches Karma ist das wichtigste? Die Antwort darauf ist: Ihr eigenes Karma. Wenn wir trotzdem mit dem Familienkarma beginnen, so deshalb, weil es die Basis für alles andere ist.

Im Folgenden gehe ich alle Karma-Arten durch, damit Sie verstehen, wie diese Energien Sie lenken. Danach werde ich Sie in die planetarische Materie einweihen und Ihnen zeigen, wie Sie Ihr Karma durch Planetenimpulse verändern können. Beginnen wir nun mit dem Familienkarma, denn in der Familie beginnt unser Leben.

## Familienkarma

Das Familienkarma ist die Summe aller Taten, die unsere Familienmitglieder in den letzten sieben bis acht Generationen begangen haben. Ich nenne diese Karma-Art eine »Riesenenergiewolke«. Man kann sie sich als ein riesiges Paket vorstellen, das wir von unserer Familie bekommen. Darin verbirgt sich die größte Energieform. Es ist dabei zu beachten, dass jede Seele, je nach Sternzeichen des Familienkarmas, auf verschiedene Weise belastet ist. So sind die Feuer- und Luftzeichen vom Familienkarma des Vaters und die Wasser- und Erdzeichen vom Familienkarma der Mutter mehr belastet. Also, kurz und knapp: Das Familienkarma ist eine Energieform der Familie, besser gesagt ein Erbgut der Familie.

Zu diesem Karma gehören verschiedene Informationen und Ziele. Schließlich hat jede Familie eine besondere Rolle auf dieser Erde. Man nennt das Familienkarma auch »Ahnenreihe«. Wir übernehmen aus dieser Reihe oft Muster und Aufgaben, die mit unserem eigenen Karma nicht viel zu tun haben, und fragen uns selbst, warum wir dieselben Themen haben wie unsere Vorfahren, z.B. die Eltern. Kennen Sie das vielleicht aus Ihrem Leben? Sie sagten als Kind: »Ich werde bestimmt nie so wie mein Vater oder meine Mutter.« Doch erleben Sie später das Gleiche wie Ihre Eltern. Sie durchleben gleiche Situationen, leiden unter altbekannten Süchten oder erkennen bei Ihnen dieselben Eigenschaften, die Ihre Eltern hatten. Kommt Ihnen das vertraut vor? Fragen Sie sich womöglich, warum das so ist? Wenn Sie sich diese Frage bereits gestellt haben, ist das sehr gut und von Vorteil, denn es zeigt, dass Sie analysiert haben. Durch Analyse kann das Familienkarma gelöscht oder, besser gesagt, abgelegt werden. Je mehr Sie sich fragen, wie stark das Familienkarma auf Sie noch wirkt, desto mehr tragen Sie diese Karma-Art ab und gehen Ihren eigenen Weg. Sie lösen sich von dieser Energie und gewinnen an Kraft.

Das Familienkarma ist wie jede Karma-Art eine neutrale Materie. Es kann belasten oder beflügeln. Diese Energie besteht aus zwei Komponenten: einer positiven und einer negativen. Das Positive können Sie immer beibehalten, und das Negative verarbeiten Sie durch Ihre eigene Analyse. Je mehr Sie analysieren und sich Fragen zum Familienkarma stellen, desto mehr verarbeiten Sie diese Karma-Art. Genau diese Analyse wandelt Ihr eigenes Karma um, denn durch das Loslassen des Familienkarmas entsteht neuer Platz in Ihrer Seele für Ihre eigenen Ziele und Vorhaben. Das Loslassen des Familienkarmas ist daher ein wichtiger Schritt für Ihre eigene Entwicklung und die Entwicklung Ihrer Kinder, denn auch sie übernehmen einen Teil des Familienkarmas.

Ich werde oft gefragt, ob auch Kinder zu unserem Familienkarma gehören. Kinder übernehmen das Karma der Familie (Blutsfamilie) von den Ahnen. Das heißt, Ihre Kinder haben das Familienkarma von Ihnen plus von den sieben Generationen, die vor Ihnen lebten. Die Kinder selbst gehören jedoch nicht mehr zu Ihrem Familienkarma. Sie kamen nach Ihnen und bilden mit Ihnen das Beziehungskarma. Das bedeutet, sie können nicht auf Sie wirken, sondern Sie wirken auf Ihre Kinder. Aber immer der Reihe nach. Zum Beziehungskarma komme ich später im Buch. Zuvor möchte ich Sie in das Thema »eigenes Karma« einweihen, denn diese Karma-Art ist für mich die wichtigste.

## Eigenes Karma (Lebensplan)

Das eigene Karma ist die bedeutendste Karma-Art in Ihrem Dasein. Es ist die Summe der Taten, die Ihre Seele in verschiedenen Leben begangen hat. Also ist es eine Mischung aus den Erfahrungen Ihrer Seele. Wir sind auf die Erde gekommen, um unser eigenes Karma zu leben. Deshalb hat diese Karma-Art die größte Priorität. Eigentlich ist das eigene Karma wie eine Landkarte für Ihre Seele. Sie entscheiden jedoch selbst, wie viele Kilometer Sie auf dieser Karte zurücklegen und wie viel Bewegung Sie schaffen. Zum eigenen Karma gehören Entscheidungen, Mut und Zuversicht. Das eigene Karma verändert sich ständig. Ich spreche deshalb von der Transformation der Seele. Nur Sie selbst können diese Transformation erleben oder in Gang setzen. Ihr Karma kann niemand anders leben, nur Sie selbst. Es ist ein Teil Ihres Schicksals, das Sie verändern können. Sie schreiben Ihr Schicksal quasi selbst durch Ihre Bewegung und Ihre Taten.

Ihr eigenes Karma oder Ihr Lebensplan hat direkt mit Ihrer seelischen Entwicklung zu tun. Es ist das Karma, das Sie transformiert und Ihre Einsichten bildet. Es bestimmt, wie Sie Ihre

Welt, Ihre Realität und Ihre Mitmenschen sehen. Zu diesem Karma gehören Talente, Gewissen, Handeln und das Erkennen der Welt. Unsere Welt besteht aus mehreren kleinen Welten, die verschiedene Aufgaben haben. Diese Welten fluten uns mit Energien, die unser Leben beeinflussen. Es ist ein Leben der Ursache und der Wirkung – nach dem Motto: »Was man gesät hat, erntet man sicher auch später.«

Unser Universum ist mehrdimensional und funktioniert nach besonderen karmischen Gesetzen. Wer diese Gesetze versteht, versteht auch das Leben und kann sich glücklich schätzen. Sollten Sie diese Gesetze nicht kennen, erleiden Sie oft Misserfolge und wissen nicht, wieso ausgerechnet Sie leiden müssen. Denn wir leiden meistens dadurch, dass wir etwas nicht begriffen haben.

An dieser Stelle möchte ich Ihnen in einem kurzen Exkurs einige Gedanken zum Menschen an sich nahebringen. Wir bestehen nicht nur aus einem Körper und einer Seele. Zu uns gehört die ganze Welt. Wir entwickeln uns permanent und wachsen. Doch es wachsen nicht nur unsere Zellen im Körper, sondern auch unser Geist und unser Unterbewusstsein. Wir sind Lehrlinge auf der Erde. Doch Lehrling ist nicht gleich Lehrling. Einer lernt mathematische, ein anderer soziale Fächer. Genauso lernen einige von uns mit dem Kopf, die anderen mit dem Bauch. Jeder Mensch besteht aus mehreren miteinander verbundenen Ebenen, aber nicht jeder nutzt die gleichen. Genauer gesagt, besteht ein menschliches Wesen aus drei Ebenen. Das sind:

- der Kopf (die Logik)
- der Bauch (das Herz, das Intuitive)
- das Unterbewusste (das Karma und das innere Kind)

Wie funktionieren diese drei Ebenen? Sie funktionieren wie eine Einheit. Auch bei Ihnen arbeiten diese drei Ebenen gleichzeitig.

Die *erste Ebene* ist unser Kopf. Damit denken wir. Diese Ebene ist für die Logik verantwortlich. Wir können unsere Logik lenken und versuchen, unsere Gedanken zu manipulieren. Doch gelingt das nicht immer, weil unser Unterbewusstsein sich einklinkt und die Wahrheit ans Licht bringt.

Die *zweite Ebene* ist unser Bauch, besser gesagt ist das unser Bauchgefühl. Im Bauch leben unsere Gefühle. Wir können bei Bedarf unsere Gefühle unterdrücken, doch dann helfen der Kopf und unser Unterbewusstsein nach und korrigieren die Situation. Kurz gesagt: Man kann sich selbst nicht lange täuschen und sich nichts vormachen.

Die *dritte Ebene*, unser Unterbewusstes, stellt die karmische Welt dar, die eigene Gesetze hat. Diese Ebene ist wichtig, denn hier befinden sich das Karma und unser inneres Kind.

Auf die Frage, was ein Mensch ist, antworte ich: Der Mensch ist ein Wesen, das nach karmischen Gesetzen leben sollte. Er besteht als männliches und weibliches Wesen aus:

- dem Körper
- dem Geist
- dem höherem Selbst
- dem Unterbewusstsein
- der Seele (den männlichen und weiblichen Anteilen)

**Der Körper** ist das Produkt der Erde. Man sagt: In einem gesunden Körper ist eine gesunde Seele. Das bedeutet, dass eine kranke Seele auf Dauer auch den Körper krank machen kann. Der Körper ist unser Domizil, hier wohnt die Seele. Er ist das Haus der Seele.

**Der Geist** ist das, was den Körper durch das Leben führt und steuert. Der Geist ist dazu da, uns das Leben zu ermöglichen. Ohne Geist gibt es kein Leben. Der Geist ist jedoch nicht nur im Körper verankert, sondern befindet sich überall. Das ist meist sehr schwer zu erklären, weil Menschen alles begrenzen müssen. Aber denken Sie nach: Wo hört das Universum auf? Hört es überhaupt auf? Ich denke, es hat keine Grenzen.

**Das höhere Selbst** ist eine Kraft, die unser Leben mitgestaltet. Das höhere Selbst ist sozusagen ein Gott in uns. Dadurch werden neue Erkenntnisse weitergegeben und von uns aufgenommen. Hier ist unser altes Wissen gespeichert. Das höhere Selbst kommuniziert mit dem Geist und gestaltet unser Dasein. Es hat viel mit der Erfahrung der Seele zu tun und spricht mit dem Karma, jedoch nur bedingt. Das Karma selbst lebt im Unterbewussten.

**Das Unterbewusstsein** ist der Platz des Karmas, wo alles andere gespeichert ist. Während das alte Wissen sich eher im höheren Selbst befindet, befinden sich unsere Erfahrungen und das Karma im Unterbewusstsein. Man nennt das »das innere Kind« – es ist die Schublade, wo alles abgelegt wird.

**Die Seele** ist der komplizierteste Teil des Wesens. Sie ist unsere Triebkraft, unsere Essenz, die Essenz unseres Daseins.

Die Seele stellt eine unsterbliche Energie dar und unterliegt den Gesetzen von Wiedergeburt und Karma. Sie besteht aus energetischen Teilchen, die miteinander in Kontakt stehen. Sie ist überall, und ein Teil von ihr befindet sich in unserem Herzchakra. Alle existierenden Religionen der Welt sagen, dass die Seele unsterblich ist. Auch unzählige Berichte von Tausenden Menschen mit Nahtoderfahrungen, deren Seele sich vom Körper getrennt hat, bestätigen diese Theorie. Schamanen sprechen zum Beispiel von Seelenanteilen. Seelenanteile sind Teile unserer Seele. Für Schamanen existieren diese Teile der Seele in einem Zusammenhang. Der Verlust von Seelenanteilen ist eine verbreitete Krankheitsursache.

Zurück zum eigenen Karma: Was soll es bewirken? Es lenkt uns durch das Leben und hilft uns, »Perfektion« zu erlangen. Doch ist nichts perfekt auf dieser Welt. Was schafft es also? Karma schafft nie etwas. Nicht nur werden wir vom Karma gelenkt, sondern auch wir lenken das Karma. Nicht das Karma ist es, das plant, sondern wir Menschen sind es, die Ursachen schaffen. Das Karma gleicht nur die Wirkungen aus. Dieses Ausgleichen schafft Harmonie und versucht, alles im Gleichgewicht zu halten. Deshalb sollten wir versuchen, die Ursachen, die wir in die Welt setzen, zu erkennen.

Jede Seele lebt nach dem Ying-Yang-Prinzip, nach dem Prinzip der Dualität. In einem Leben sind wir gut und in einem anderen schlecht. In einem Leben sind wir böse und in einem anderen gutmütig, und in einem Leben werden wir von jemandem bestohlen, während wir im nächsten selbst stehlen müssen. Die Gegensatzpaare gut und böse, männlich und weiblich, schwarz und weiß sind ein Bestandteil des Karmagesetzes. Diese Erfahrungen muss jede Seele machen, um sich zu entwickeln und Erfahrung zu sammeln. So wächst sie ständig an Wissen, Weisheit und Entwicklung. Wie kann es auch anders sein? Jede Seele hat mit dem ihr auf der Erde zur Verfügung stehenden Körper eine Aufgabe zu erledigen. Und diese Aufgabe dient der Fortentwicklung der Gesamtheit auf der Erde.

Das Thema Karma hat natürlich viel zu tun mit Wiedergeburt und Reinkarnation. Durch meine jahrelange Forschung auf dem Gebiet der Wiedergeburt kann ich sagen, dass es manchmal sehr lange dauern kann, bis eine Wiedergeburt zustande kommt. Bei einem Erwachsenen kann das »Wiederkommen« 16 bis 500 Jahre und bei einem Kind zwei bis 20 Jahre dauern. Außerdem muss schließlich nicht jeder von uns wieder auf die Erde zurück. Es gibt nämlich auch weitere schöne Ecken im Universum.

Wenn man sich das Wiedergeburtssystem als Stufen vorstellt, gibt es sieben Stufen der Entwicklung. Manche bezeichnen diese Stufen als Planeten. Nach dieser Vorstellung befindet sich Mutter Erde an der vierten Stelle und steht damit für die Grundschule. Wenn wir diese Grundschule erfolgreich absolviert haben, dürfen wir zum Beispiel auf eine weiterführende Schule gehen. Sollten wir auch diese Stufe erfolgreich hinter uns gebracht haben, dürfen wir weiter zur Uni, bis wir dann endlich so weit sind, dass wir uns Gott oder dem Universum, also der größten Energie, anschließen dürfen und eins mit dem Universum werden.

Ich denke, dass unsere Seelen heute so weit entwickelt sind, dass wir bald die Grundschule durchlaufen haben und uns auf die nächste Stufe der Entwicklung begeben werden. Je nach der Entwicklung einer Seele wird energetisch entschieden, ob eine Wiedergeburt auf der Erde stattfinden muss. Hat die Seele noch etwas zu lernen, wird sie erneut reinkarnieren müssen. Ist sie weit genug entwickelt, darf sie weitergehen. Es können Jahrhunderte vergehen, bis eine Seele wiedergeboren werden kann. Dabei ist allerdings zu bedenken, dass die Zeit jenseits der Erde eine völlig andere Dimension und eigentlich keine Qualität hat. Somit ist die Seele ewig.

Wenn wir leiden, denken wir an eine Bestrafung. Doch die Natur kennt keine Bestrafung. Durch Leiden werden wir nur auf verschiedene Dinge aufmerksam gemacht, auf unsere Begrenzungen oder auf falsche Handlungen. Es geht also um einen Regulierungsvorgang. Leiden ist ein Zeichen, dass wir uns auf dem falschen Weg befinden. Erkranken wir beispielsweise, wird uns durch die Krankheit etwas mitgeteilt. Erleben wir Mobbing in der Arbeit oder im Privatleben, wird uns gezeigt, dass wir uns auf einer falschen Stelle befinden. Die Enttäuschungen, die wir im Leben erfahren, sind meistens die direkten Folgen unseres Handelns. Diese Handlungen können sowohl aus diesem als auch aus einem vorigen Leben kommen. Wenn wir aber überlegen und herausfinden, woran unsere Leiden liegen und wodurch sie auftreten, können wir sie schnell beseitigen und aus ihnen viel Gutes lernen.

Warum werden Menschen gemobbt? Ist das karmisch bedingt? Kennen Sie Mobbing oder Bossing im Berufsleben? Haben Sie so etwas womöglich selbst bereits erlebt? Fällt Ihnen der Gang zur Arbeit jeden Morgen schwer? Spüren Sie negative Energien am Arbeitsplatz und wissen nicht, warum das so ist? Dann ist es an der Zeit, an Ihr Karma zu denken. Denn nicht jeder wird gemobbt. Nur jemand, der am falschen Ort zur falschen Zeit ist, erlebt solche Situationen am Arbeitsplatz. Aber auch jemand, der sich nicht entwickelt und sich nicht traut, neue Wege zu beschreiten, kann Mobbing erleben. Anscheinend hat das Schicksal für die betroffene Person andere Themen und Wege vorbereitet, die sie bis jetzt womöglich ignoriert hat. Damit sie aber merkt, dass sie nicht darum herumkommt, wird ihr durch ein paar »böse« Menschen gezeigt, worum es geht. Das ist nur ein Zeichen des Universums. Das Universum liebt uns und versucht, uns dabei zu helfen, herauszufinden, in welche Richtung wir uns bewegen sollten. Es schubst uns in diese Richtung aus Liebe und nicht aus Bösartigkeit.

## Beziehungskarma

Bekanntlich haben sehr viele von uns Probleme im zwischenmenschlichen Bereich. Auch hier ist Karma im Spiel. Wenn wir etwa jemanden kennenlernen möchten, aber unbeachtet bleiben und niemand auf uns reagiert, obwohl wir täglich ausgehen. Wir geben auf, nach einem langen Leiden wollen wir endlich allein sein – und plötzlich steht der Mensch, den wir so lange gesucht haben, vor uns. Wieso geht es uns so? Da geht es um Liebe, Hass, Schuldgefühle usw. Unsere Seele wird ständig geprüft, um zu wachsen und zu reifen. Sie wird so lange geschult, bis wir zu- oder loslassen können.

Das Beziehungskarma ist wichtig, denn wir sind nicht allein auf der Welt, sondern haben alle Beziehungen zu unseren Mitmenschen. Demzufolge ist diese Karma-Art eine Erfahrung, die zwei oder mehrere Seelen aus dem Vorleben oder aus dem heutigen Leben miteinander verbindet. Es ist eine Energie, die zwischen Menschen entsteht, eigentlich eine Energiemischung, die aus den Erfahrungen der Seelen resultiert. Sie entsteht jeden Tag durch unsere Kontakte und verankert sich in unserem Energiefeld. Dazu gehören alle Menschen, die mit uns Kontakt haben: Kinder, Freunde, Partner, Bekannte. Von dieser Energie können wir profitieren, sie kann aber auch belasten. Hier geht es um die Erfahrungen aus dem Vorleben mit den Seelen, die uns heute immer noch begleiten. Und jedes Beziehungskarma bringt weitere Erfahrungen mit, die mit der Entwicklung unserer Seele zu tun haben. Wir erkennen durch die Beziehungen unseren eigenen Lebensplan und das, was für uns wichtig ist.

Das habe ich kürzlich bestätigt bekommen, als unerwartet eine Freundin starb, die voll im Leben stand. Und doch musste ich Abschied von ihr nehmen. Ich kann sie nicht mehr umarmen, sie ist aber in meinem Herzen. Ihr Lachen und ihre Art zu kommunizieren, ihre Kreativität und ihre Gedanken haben mein Verständnis des Beziehungskarmas geprägt. Die Erfahrung, dass das Leben so schnell vergehen kann, hat mir eine Erkenntnis gebracht – die Erkenntnis, wie wichtig es ist, den heutigen Tag zu lieben und zu genießen. Denn niemand weiß, wann genau er gehen wird. Schätzen Sie daher jede Minute, die Sie leben und erleben. Genießen Sie Ihre Mitmenschen und sich selbst.

Eine besondere Form des Beziehungskarmas ist die sogenannte karmische Beziehung, auch »karmische Verwicklung« oder »karmische Verstrickung« genannt. Diese Art von Beziehungskarma ist äußerst wichtig für uns. Wir können sogar mehrere karmische Verwicklungen im Leben haben. Und glauben Sie mir, sie sind sehr schwierig und kompliziert.

Doch nicht jede Beziehung, die man eingeht, muss vom Karma abhängig sein. Karmische Verstrickungen bzw. karmische Verbindungen sind nicht immer romantische und liebevolle Geschichten. In ihnen geht es mehr um Leiden als um Perfektion in einer Beziehung. Es geht um alte Schulden dem anderen gegenüber, die man abzahlt. In karmischen Beziehungen sind (oder waren) zwei Personen miteinander in einem oder mehreren Leben liiert oder als Partner vorgesehen, die nach wie vor aneinander hängen. Man bekommt in einer karmischen Beziehung den Partner nicht aus dem Kopf, auch wenn er schon längst weg ist. Deshalb stellt sich die Frage, ob ihr Sinn ist, voneinander zu lernen, um sich dann zu trennen oder besser trotz vieler Auf und Ab zusammenzubleiben.

Generell ist eine karmische Beziehung eine energetische Beziehung, die auf einer alten Erfahrung aus dem Vorleben basiert. Beide Partner kennen sich also aus dem Vorleben und können auch in diesem Leben nicht voneinander lassen. Eine solche Beziehung hat immer verschiedene Ziele. Das gilt auch für beide Parteien. Zunächst einmal geht es um das gemeinsame Ziel, zusammenzufinden oder etwas aus dem Vorleben nachzuholen. Somit sind beide Partner durch eine Energie verbunden, die zu diesem gemeinsamen Ziel führt. Wenn man eine negativ aufgeladene und problematische karmische Beziehung hat, soll man etwas aus dem Vorleben bewältigen. Zum Beispiel kann es sich dabei um sexuelle Dinge handeln. Man muss in diesem Fall nicht zusammenbleiben, aber die Chance dazu gibt es. Das Ziel einer positiven karmischen Beziehung hingegen ist es, zusammenzufinden und zu lernen zusammenzuhalten. Man sollte außerdem natürlich aneinander und für sich selbst verschiedene Themen erkennen, etwa geduldiger zu werden oder auch, sich den eigenen Gefühlen zu öffnen. Und nicht zuletzt geht es darum, einige wichtige Eigenschaften im Leben, wie zum Beispiel Selbstwertgefühl, einzuüben.

**Ziele einer Karmabeziehung**

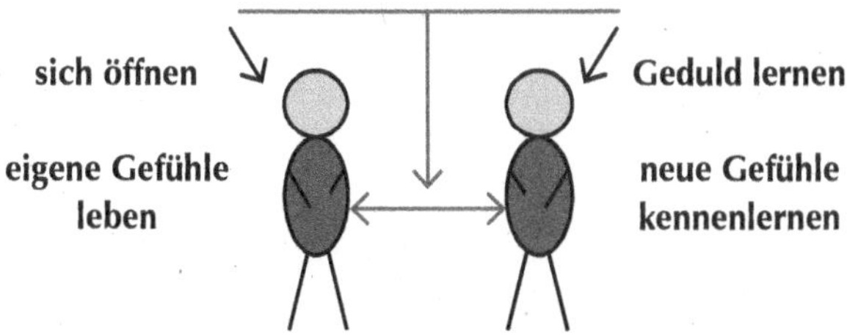


Eine karmische Beziehung hat also immer einen Sinn. Eine derartige Beziehung wird meistens gelebt. Trennungen sind sehr schwierig, da man sozusagen nicht miteinander und gleichzeitig auch nicht ohne einander sein kann. Dieses Phänomen bezeichnet man als ein »karmisches Dilemma«. Wenn man in einem solchen steckt, sollte man versuchen, es zu erkennen, dann lebt man sinnvoller und leichter.

Karmische Verstrickungen sind oft mit schwerwiegenden Problemen behaftet, die ungeheuren Schmerz bereiten können. Doch durch dieses Leiden ist es möglich, etwas zu lernen. Wir können karmische Verstrickungen überall finden. Es gibt sie im Beruf oder im Bekanntenkreis, hauptsächlich aber im Bereich der Liebe. Dabei lernt man nicht nur die ewige Liebe oder eine glückliche Partnerschaft kennen, sondern man sollte eher mit starken Emotionen, Mitleid und Kontrolle rechnen, bis es zur Liebe kommt. Gefühle wie Abweisung, Macht, Angst sind bei karmischen Verstrickungen nicht selten. Bedingungslose Liebe ist dabei ein wichtiger Teil der Beziehung. Und die muss gelernt werden.

Karmaverbindungen sind energetisch stark. Sie sind immer stärker als eine normale Beziehung. Sie fragen warum? Weil eine Karmabeziehung immer doppelte Energie aufweist. Während bei einer normalen, nicht karmischen Beziehung nur eine Energie im Spiel ist, sind bei karmischen Beziehungen die Energien dieser Leben sowie die von Vorleben aktiv.

Karmische Verbindungen sind Phänomene der Seelenverwandtschaft. In meiner Beratungspraxis werde ich häufig mit diesem Thema konfrontiert, und ich muss sagen, dass kaum jemand, der es nicht selbst erlebt hat, dieses Thema verstehen kann. Meist werden die Ratsuchenden von ihren Freunden und Bekannten als »verrückt« abgetan. Doch Seelenverwandte begegnen sich immer wieder. Sie helfen uns, unseren Weg weiterzugehen. Dabei besteht immer von Anfang an eine unerklärliche Anziehungskraft. Man spürt viel Vertrauen und Verständnis füreinander. Aber man kann nicht immer gut miteinander umgehen. Was lehren uns die Seelenpartner? Ein Seelenverwandter begegnet uns, um uns in einer bestimmten Lebenssituation beizustehen oder etwas anderes in uns auszulösen. Er ist wie ein Spiegel, der uns unsere inneren Welten zeigt. Manchmal ist es auch umgekehrt, sodass wir etwas für jemanden tun müssen. Seelenpartner haben die gleiche Wellenlänge wie wir, doch leben sie oft ihr eigenes Leben. Sie spiegeln uns unsere Einzigartigkeit, und wenn wir diese erkannt haben, unsere Seele lieben und uns ehren, können wir mit unserem Seelenpartner den gleichen Weg gehen. Das jedoch ist ein Prozess für sich.

## Kollektives Karma

Kommen wir nun zur nächsten Karma-Art, zum kollektiven Karma, dem Karma der Gesellschaft. Das kollektive Karma ist die energetische Verbindung zwischen mehreren Menschen oder Gemeinschaften. Diese Energie entsteht durch die Kommunikation dieser Menschen und ist ständig am Wachsen. Ein kollektives Karma findet man in jeder Firma, in jeder Stadt, in jedem Land und auf jedem Planeten. In dem Moment, in dem mehrere Menschen – und das können Tausende sein – miteinander kommunizieren und ihre Ideen vermarkten, entsteht diese Karma-Art sehr schnell. Auch Religionsgruppen verbindet ein kollektives Karma. Es existiert parallel zu unserem eigenen Karma. Somit bringt das kollektive Karma gemeinsame Ideen oder Vorhaben in Bewegung. Kurz gesagt ist es das gemeinsame Ziel einer Mehrzahl von Personen. Es ist sehr mächtig und kann Individuen oft überrumpeln. Es kann positive, aber auch negative Eigenschaften verleihen. Das kollektive Karma kann ein Individuum manipulieren, aber auch unterstützen.

Es existiert nachweislich ein globales, universelles Informationsfeld, auch Energiefeld genannt. Diese universelle Energie kann man sich wie eine Wolke vorstellen. Daraus schöpft zum Beispiel ein Schamane Kraft. Jeder, der Energiearbeit betreibt, hat Kontakt zu dieser Ursubstanz-Energie. Auch religiöse Richtungen, Reiki, Geistheiler und Engelkontakt-Praktiker suchen Kontakt zu dieser Informationswolke und transformieren deren Energie weiter bzw. nehmen und schöpfen diese aus der Energiewolke, um mit ihr zu heilen. Manche Experten bezeichnen diese Energie als kollektives Karma, weil sie durch verschiedene Menschen entsteht.

Das Universum ist ein Ozean der Objekte und Materien, der durch verschiedene Energien zusammengehalten wird. Wenn wir das Wort »Universum« aussprechen, denken wir meist nicht darüber nach, was es eigentlich bedeutet. Universum bedeutet »Zusammenhang« oder »Einheit«. Ich sehe Universum und Kosmos als eine spirituelle Einheit, in der alles zusammenhängt und alles stimmen muss. Daher betrachte ich das kollektive Karma als etwas Normales. Es existiert und verändert sich ständig.

Alles auf der Erde unterliegt den Gesetzen der größeren Kraft – der Lebenskraft. Diese Kraft ist ein mächtiges Energiefeld, das alles in Bewegung hält und den gesamten Raum erfüllt, in dem wir uns befinden. Wir können auch sagen, dass diese Lebenskraft aus verschiedenen Energien besteht, die untereinander verbunden und voneinander abhängig sind. Diese Kraft ist unsere Mutter und unser Vater in einem. Ein Teil dieser Kraft ist die Liebesenergie, die alles zusammenhält. Wenn es uns schlecht geht, müssen wir versuchen, diese Liebesenergie für unsere Heilung einzusetzen. »Liebe den dir Nahestehenden, und du wirst geliebt«, sagen die Ahnen. Diese Vorstellung könnte Ihnen eigenartig vorkommen. Wenn Sie mit dem Thema Karma nicht vertraut sind, werden Sie das, was ich hier schreibe, als fremd empfinden. Versuchen Sie aber trotzdem, darüber nachzudenken. Gäbe es keine karmischen Gesetze, wäre es nicht möglich zu leben. Nichts hätte einen Sinn, und alles in der Welt wäre nur noch chaotisch. Gäbe es keine gesamte Energie, die unser Universum zusammenhält, was wäre dann? Wie könnte dann alles zusammenhalten? Von nichts kommt nichts – also muss es wohl so eine Energie geben, die alles in Ordnung hält, nicht wahr?

# IMPULSE IN UNSEREM LEBEN UND KOSMOLOGISCHES WISSEN

## Karmische Wege

Hier auf der Erde sind wir alle besondere Wesen und gehen einzigartige, nur uns gegebene karmische Wege. Jeder von uns ist ein Individuum, das je nach Geburtsdatum und Geburtszeit seinen besonderen Lebensweg erhalten hat. Entsprechend haben wir alle unsere jeweils eigenen Lebensziele. Im Durchschnitt sind es neun bis 16 Ziele pro Inkarnation (Leben). Insgesamt bearbeitet unsere Seele 43 karmische Themen in mehreren Inkarnationen, darunter Kommunikation, Liebe, Berufung, Schauspiel, Offenheit. Wir tragen von jedem Thema in jedem Leben immer etwas ab und entwickeln uns somit weiter. Unsere Lebensziele sind durch Planetenenergien bedingt. Doch oft ist es nicht leicht für uns, diese Lernaufgaben umzusetzen, weil wir sie nur schwer erkennen.

Damit Sie Ihre eigenen Themen durchleuchten können, sehen Sie sich Ihre persönlichen karmischen Wege an, die sich aus Ihrem Geburtsdatum ergeben. Etwas weiter unten finden Sie die Beschreibung jeder karmischen Woche mit den wichtigsten Aufgaben (Themen) für dieses Leben. Sie können Ihre Themen hier nicht nur ablesen, sondern auch bewusst wahrnehmen und ausleben. Vielleicht verwirklichen Sie einige Themen bereits.

Jedes menschliche Schicksal ist einzigartig im Universum. Doch wir sind mit anderen Menschen und deren Schicksalen verbunden. Auf den nächsten Seiten werden Ihnen Geheimnisse offenbart, die Ihnen Ihre karmischen Lebensaufgaben erklären. Es gibt vier Anhaltspunkte, die unser Leben bestimmen. Den ersten Punkt offenbart uns die Geburtswoche (Karmawoche). Hier werden wir geboren. Astrologen sagen dazu Südpunkt – der Geburtspunkt. In dieser Woche steckt eine große Aufgabe, denn da beginnen wir unser Dasein. Die Karmawoche wird durch eine weitere Matrix aus Zahlen ergänzt. Aus diesen drei Zahlen und den ihnen zugeordneten Themen ergeben sich die sogenannten karmischen Wege, die für uns vorgesehen sind. Miteinander verbunden, ergeben diese Punkte eine Lebenslinie, die wie ein Pfeil durch unser Leben geht. Durch diese Wege lernt und erweitert sich unsere Seele. Wir gehen zum sogenannten Nordpunkt – dem Übergangspunkt.

Die karmischen Wege ergeben, im Zusammenhang betrachtet, unseren Lebensweg oder unser Schicksal. Sie sind jedem Datum fest zugeordnet. Der Lebensweg beginnt mit der Geburt (Anfang des Lebensweges) und endet mit dem Tod (Übergang). Alle karmischen Wege, die wir gehen, verlangen eine Seelenerweiterung durch verschiedene Themen. Ob Sie Erfolg auf Ihrem Lebensweg haben, hängt davon ab, ob Sie die karmischen Themen erledigen oder nicht. Dabei spielt der freie Wille eine enorme Rolle.

Bevor ich ausführlich auf jede karmische Woche, also die kosmologische Bedeutung der Woche, in der wir geboren sind, und im Anschluss daran auf jeden einzelnen Geburtstag eingehe, stelle ich Ihnen im Folgenden die 43 karmischen Themenbereiche vor, die unsere Seele in ihren Inkarnationen zu bearbeiten hat.

## Die 43 karmischen Themen

Karmisches Thema Nr. 1
Das Thema lautet Schauspiel – Sie lernen in diesem Leben, prominent zu werden, ohne abzuheben. Sie lernen, sich individuell, der Situation entsprechend, zu verhalten und sich umzustellen. Sie sind ein geborener Schauspieler und sollten lernen, diese Gabe auszuleben. Passen Sie sich den Situationen an und lernen Sie etwas Geduld.

Karmisches Thema Nr. 2
Das Thema lautet Gnade – Sie lernen in diesem Leben, zu verzeihen und loszulassen. Sie werden folglich oft mit Situationen konfrontiert, die Sie genau dazu bringen sollen. Oft sind das schwierige Situationen. Lernen Sie Selbstliebe und Akzeptanz.

Karmisches Thema Nr. 3
Das Thema lautet Liebe – Sie lernen in diesem Leben zu lieben und zu verzeihen. Liebe ist eine starke Kraft, die alle Ihre Probleme lösen kann. Lassen Sie Ästhetik in Ihr Leben. Zudem hat dieser Weg auch mit der Selbstliebe zu tun, die man entwickeln soll.

Karmisches Thema Nr. 4
Das Thema lautet Opferung – Sie lernen in diesem Leben, sich zu opfern und für andere Menschen da zu sein. Sie müs-

sen aber auch lernen, sich Zeit für sich selbst zu nehmen und sich selbst auch zu belohnen.

Karmisches Thema Nr. 5
Das Thema lautet Familie – Sie lernen in diesem Leben, sich mit den Familienmitgliedern zu vertragen und Familiensinn zu entwickeln. Es muss nicht immer leichtfallen, es allen recht zu machen.

Karmisches Thema Nr. 6
Das Thema lautet Mitgefühl – Sie lernen in diesem Leben, Mitgefühl zu zeigen und zu helfen. Spenden Sie Ihre menschliche Liebe!

Karmisches Thema Nr. 7
Das Thema lautet Realität – Sie lernen in diesem Leben, Ihre eigene Realität zu erschaffen. Die Welt funktioniert so, wie man sie sieht. Finden Sie Ihre eigene Realität und lernen Sie, die Welt mit den Augen eines Kindes zu sehen.

Karmisches Thema Nr. 8
Das Thema lautet Kämpfen – Sie lernen in diesem Leben, sich das zu nehmen, was Ihnen zusteht. Sie boxen sich durch alle Probleme und müssen sich bestätigen. So erlangen Sie Anerkennung und Respekt.

Karmisches Thema Nr. 9
Das Thema lautet Verzeihen – Sie lernen in diesem Leben, zu verzeihen und Groll zu verarbeiten. Manche Situationen bringen Verletzungen. Lernen Sie daraus und lassen Sie los.

Karmisches Thema Nr. 10

Das Thema lautet Disziplin – Sie lernen in diesem Leben, diszipliniert zu sein und Ihren eigenen Weg zu finden. Geduld ist nicht immer Ihre Stärke. Lernen Sie, geduldig und gütig zu sein.

Karmisches Thema Nr. 11

Das Thema lautet Lernen – Sie lernen in diesem Leben, neue Horizonte zu erkennen und neue Wege zu gehen. Lernprozesse laufen in Ihrem Dasein permanent ab. So kann es passieren, dass Sie täglich etwas Neues erkennen und alte Muster und Dogmen loslassen.

Karmisches Thema Nr. 12

Das Thema lautet Selbsterkennung – Sie lernen in diesem Leben, sich selbst zu verstehen. Ideen haben Sie genügend, aber nur wenn Sie sich selbst verstehen, werden Sie von anderen verstanden.

Karmisches Thema Nr. 13

Das Thema lautet Macht – Sie lernen in diesem Leben zu siegen. Die Macht der Gedanken und der Taten ist eine echte Lebensaufgabe für Sie.

Karmisches Thema Nr. 14

Das Thema lautet Veränderung – Sie lernen in diesem Leben, die Gesellschaft umzustimmen. Sie leben in einer ständigen Bewegung und erleben einige Umbrüche. Nur wer sich selbst verändert, kann die Umwelt verändern.

Karmisches Thema Nr. 15
Das Thema lautet Verantwortung – Sie lernen in diesem Leben, verantwortlich zu handeln und verschiedene Aufgaben zu erledigen. Übernehmen Sie Verantwortung für sich selbst!

Karmisches Thema Nr. 16
Das Thema lautet Begeisterung – Sie lernen in diesem Leben, andere zu begeistern. Ihre goldenen Ideen faszinieren Ihre Mitmenschen.

Karmisches Thema Nr. 17
Das Thema lautet Erweiterung – Sie lernen in diesem Leben, Ihren Geist zu erweitern. Ihre spirituelle Veranlagung hilft Ihnen auf dem Weg, Ihre Gedankenwelt zu erweitern.

Karmisches Thema Nr. 18
Das Thema lautet Darstellung – Sie lernen in diesem Leben, sich zu zeigen und zu bestätigen. Sie lernen, wie man redet, um Menschen zu führen.

Karmisches Thema Nr. 19
Das Thema lautet Artikulation – Sie lernen in diesem Leben, zu reden und sich zu artikulieren. Selbstdarstellung ist dabei sehr wichtig.

Karmisches Thema Nr. 20
Das Thema lautet Meisterschaft – Sie lernen in diesem Leben, zu siegen und die Seele zu erweitern. Sie sind Ihr eigener Meister.

Karmisches Thema Nr. 21
Das Thema lautet Energetik – Sie lernen in diesem Leben, durch Liebe zu heilen und geheilt zu werden. Sie besitzen viel Energie und müssen lernen, mit dieser umzugehen.

Karmisches Thema Nr. 22
Das Thema lautet Freiheit – Sie lernen in diesem Leben, unabhängig zu werden. Sie erleben Situationen, in denen Sie eingeengt werden und handeln müssen.

Karmisches Thema Nr. 23
Das Thema lautet Achtung – Sie lernen in diesem Leben, Achtung zu erlangen und Menschen aufzuklären. Sie sind ein Beobachter und lernen, Kleinigkeiten zu bemerken.

Karmisches Thema Nr. 24
Das Thema lautet Offenheit – Sie lernen in diesem Leben, offen zu werden und zu bleiben. Außerdem lernen Sie, mit Lügen umzugehen und echte Wahrheit zu finden.

Karmisches Thema Nr. 25
Das Thema lautet Entwicklung – Sie lernen in diesem Leben, sich selbst zu entwickeln und weiterzubilden. Die Entwicklungsprozesse betreffen jeden Lebensbereich.

Karmisches Thema Nr. 26
Das Thema lautet Anhänglichkeit – Sie lernen in diesem Leben loszulassen. Das ist eine der schwierigsten Aufgaben, die man sich vorstellen kann.

Karmisches Thema Nr. 27
Das Thema lautet Verbesserung – Sie lernen in diesem Leben, die Herzen der Menschen zu heilen. Sie sind ein Weltverbesserer.

Karmisches Thema Nr. 28
Das Thema lautet Leidenschaft – Sie lernen in diesem Leben, Liebe und Leidenschaft zu entwickeln. So kann es passieren, dass Ihre Liebe nicht erwidert wird und Sie das Loslassen lernen müssen.

Karmisches Thema Nr. 29
Das Thema lautet Individualität – Sie lernen in diesem Leben, individuell zu sein. Nur Ihre eigenen Ideen zählen, nur Ihr Geist ist wichtig.

Karmisches Thema Nr. 30
Das Thema lautet Erkenntnis – Sie lernen in diesem Leben, Neues und Unsichtbares zu erkennen. So erhalten Sie Zugang zu den Herzen der Menschen.

Karmisches Thema Nr. 31
Das Thema lautet Schönheit – Sie lernen in diesem Leben, schöne Dinge zu erkennen, die niemand sieht. Sie lernen, die Schönheit dort zu entdecken, wo sie unsichtbar ist.

Karmisches Thema Nr. 32
Das Thema lautet Erfahrung – Sie lernen in diesem Leben durch Erfahrung und eigene Fehler, von denen es genug gibt. Lassen Sie sich nicht den Wind aus den Segeln nehmen, und Sie werden siegen.

Karmisches Thema Nr. 33
Das Thema lautet Zärtlichkeit – Sie lernen in diesem Leben, zärtlich zu sein. Durch Ihre Zärtlichkeit können Sie die Herzen der Menschen gewinnen.

Karmisches Thema Nr. 34
Das Thema lautet Originalität – Sie lernen in diesem Leben, Ihre Talente herauszufinden und zu leben. Sie lernen, dass die Welt so ist, wie Sie sie sehen. Dies muss mit der Sicht anderer nicht übereinstimmen.

Karmisches Thema Nr. 35
Das Thema lautet Verführung – Sie lernen in diesem Leben, andere zu verführen und den Verführungen anderer zu widerstehen.

Karmisches Thema Nr. 36
Das Thema lautet Vielseitigkeit – Sie lernen in diesem Leben, viele Seiten zu erkennen und Ausgleich zwischen Gut und Böse zu schaffen.

Karmisches Thema Nr. 37
Das Thema lautet Wissenschaft – Sie lernen in diesem Leben zu forschen. Sie erforschen sich selbst und Ihr Umfeld. Sie versuchen, die geistigen Gesetze zu verstehen und anzuwenden.

Karmisches Thema Nr. 38
Das Thema lautet Mut – Sie lernen in diesem Leben, mutig zu sein. So werden Sie einige Situationen erleben, in denen Ihr Mut gefragt ist.

Karmisches Thema Nr. 39
Das Thema lautet Vertrauen – Sie lernen in diesem Leben zu vertrauen. Die wichtigste Aufgabe ist zu lernen, sich selbst zu vertrauen.

Karmisches Thema Nr. 40
Das Thema lautet Struktur – Sie lernen in diesem Leben zu sortieren, was Sie brauchen und was nicht. So entstehen Situationen, in denen man zu- oder loszulassen lernt.

Karmisches Thema Nr. 41
Das Thema lautet Probleme – Sie lernen in diesem Leben, durch Probleme zu lernen. Seien Sie beweglich und handeln Sie.

Karmisches Thema Nr. 42
Das Thema lautet Erdung – Sie lernen in diesem Leben, sich und andere Menschen abzusichern. Durch Ihre offene Art gelingt Ihnen das früher oder später.

Karmisches Thema Nr. 43
Das Thema lautet Naivität – Sie lernen in diesem Leben, klüger zu werden. Einige Ihrer Handlungen sind nicht durchdacht.

## Die karmischen Wochen

Nachdem Sie nun die einzelnen karmischen Themen kennen, wenden wir uns der kosmologischen Bedeutung der Woche Ihrer Geburt zu.

Jeder karmischen Woche sind besonders wichtige Aufgaben zugeordnet, die uns in diesem Leben gestellt werden. Doch wundern Sie sich nicht, wenn Sie feststellen, dass nicht jede karmische Woche der bekannten kalendarischen Woche mit ihren sieben Tagen entspricht. Einige karmische »Wochen« dauern auch sechs, andere acht oder neun Tage. Einige karmische Wege haben ein ähnliches Thema, die anderen haben ihre ganz eigene Bedeutung. Das liegt im alten schamanischen Wissen begründet, ebenso wie die Tatsache, dass manche Geburtstage in diesem Leben die gleichen karmischen Themen zu bearbeiten haben.

Die karmischen Wochen beginnen am 3. März. Im schamanischen Bereich gilt dieser Tag als ein besonderer Tag – es ist der Tag der Frühlingsenergie.

### *März*

3. – 10. März

Sie sind in der Woche der Einsamkeit geboren. Das ist nicht schlimm. Die Woche der Einsamkeit macht Sie nicht direkt einsam, sondern bringt Sie durch ihre Energie dazu, Gleichgesinnte zu finden. Ihre Aufgabe ist es, Zweisamkeit zu erleben, Familienleben zu erlernen, sich Teamwork anzueignen. Das gelingt nicht immer leicht, und in den zwischenmenschlichen Beziehungen gibt es immer wieder Probleme, die gelöst werden sollten. Wenn Sie sich oft missverstanden fühlen, sollten Sie das nicht als Problem sehen. Es muss Sie nicht jeder verstehen! Auf jeden Topf passen trotzdem mehrere Deckel. Suchen Sie Ihre Deckel. Am besten vertrauen Sie aber sich selbst. Sie sind nicht alleine in dieser Welt.

03.03.
Sie leben folgenden Weg in diesem Dasein: Themen 3, 6, 9

04.03.
Sie leben folgenden Weg in diesem Dasein: Themen 3, 4, 7

05.03.
Sie leben folgenden Weg in diesem Dasein: Themen 3, 5, 8

06.03.
Sie leben folgenden Weg in diesem Dasein: Themen 3, 6, 9

07.03.
Sie leben folgenden Weg in diesem Dasein: Themen 3, 7, 10

08.03.
Sie leben folgenden Weg in diesem Dasein: Themen 3, 8, 11

09.03.
Sie leben folgenden Weg in diesem Dasein: Themen 3, 9, 12

10.03.
Sie leben folgenden Weg in diesem Dasein: Themen 3, 10, 13

11. – 18. März
Sie sind in der Woche des Tanzes geboren. Das ist die Woche von Tanz und Traum. Ihre Aufgabe ist es, einige Dinge im Leben loszulassen und Ihre Träume zu leben. Auch Sie werden eine Zeit erleben, in der Sie tanzen und sich freuen können. Sehen Sie sich die Sonne an, wie sie scheint. Tanken Sie ihre Energie. Strahlen Sie Ihr Licht dann nach außen! Den-

ken Sie positiver und lassen Sie die Menschen so sein, wie sie sind. Vergeuden Sie also keine kostbare Zeit damit, die Welt zu verändern. Sie sind die Welt, jeder hat seine eigene Realität. Wenn Sie diese Realität verbessern wollen, müssen Sie nur sich selbst verändern.

11.03.
Sie leben folgenden Weg in diesem Dasein: Themen 3, 11, 14

12.03.
Sie leben folgenden Weg in diesem Dasein: Themen 3, 12, 15

13.03.
Sie leben folgenden Weg in diesem Dasein: Themen 3, 13, 16

14.03.
Sie leben folgenden Weg in diesem Dasein: Themen 3, 14, 17

15.03.
Sie leben folgenden Weg in diesem Dasein: Themen 3, 15, 18

16.03.
Sie leben folgenden Weg in diesem Dasein: Themen 3, 16, 19

17.03.
Sie leben folgenden Weg in diesem Dasein: Themen 3, 17, 20

18.03.
Sie leben folgenden Weg in diesem Dasein: Themen 3, 18, 21

19. – 24. März
Sie sind in der Woche der Neugeburt geboren. Ihre Aufgabe ist es, neue Ideen anzupacken. Und davon gibt es mehr als genug. Ihre Ideen sind Gold wert. Sie sollten diese vermarkten und anderen Menschen zur Verfügung stellen. Nur zu, die Menschen werden Sie für Ihre Ideen lieben. Sie sind ein Phönix, der sich immer wieder aus der Asche erhebt. Lebensprüfungen begleiten Sie stets in Ihrem Leben. Sie merken jedoch, dass Sie diese jedes Mal bewältigen. Dadurch erleben Sie immer wieder eine Neugeburt und lernen, das Leben zu lieben und zu schätzen.

19.03.
Sie leben folgenden Weg in diesem Dasein: Themen 3, 19, 22

20.03.
Sie leben folgenden Weg in diesem Dasein: Themen 3, 20, 23

21.03.
Sie leben folgenden Weg in diesem Dasein: Themen 3, 21, 24

22.03.
Sie leben folgenden Weg in diesem Dasein: Themen 3, 22, 25

23.03.
Sie leben folgenden Weg in diesem Dasein: Themen 3, 23, 26

24.03.
Sie leben folgenden Weg in diesem Dasein: Themen 3, 24, 27

25. März – 2. April

Sie sind in der sogenannten Kinderwoche geboren. Ihre Aufgabe ist es, eine Familie zu gründen und die Welt mit den Augen eines Kindes zu sehen. Es ist nicht immer leicht, unbeschwert in die Zukunft zu blicken. Denken Sie jedoch an diese Weisheit: »Ein Säugling muss nicht arbeiten, um Muttermilch zu bekommen. Auch wir sind Kinder des Universums und werden versorgt.« Sie sind ein erwachsener Mensch, denken jedoch oft an die schöne Zeit der Kindheit. Womöglich erinnern Sie sich an diese Zeit sogar bis ins Detail. Die Kinderwoche hat jedoch nicht nur mit der Familiengründung zu tun. Sie steht auch für das innere Kind, das in Ihnen lebt. Es will geliebt werden. Gönnen Sie sich daher Zeit für Ihr inneres Kind.

25.03.

Sie leben folgenden Weg in diesem Dasein: Themen 3, 25, 28

26.03.

Sie leben folgenden Weg in diesem Dasein: Themen 3, 26, 29

27.03.

Sie leben folgenden Weg in diesem Dasein: Themen 3, 27, 30

28.03.

Sie leben folgenden Weg in diesem Dasein: Themen 3, 28, 31

29.03

Sie leben folgenden Weg in diesem Dasein: Themen 3, 29, 32

30.03.

Sie leben folgenden Weg in diesem Dasein: Themen 3, 30, 33

31.03.
Sie leben folgenden Weg in diesem Dasein: Themen 3, 31, 34

01.04.
Sie leben folgenden Weg in diesem Dasein: Themen 1, 4, 5

02.04.
Sie leben folgenden Weg in diesem Dasein: Themen 2, 4, 6

*April*
3. – 10. April
Sie sind in der Woche des Sterndeuters geboren. Ihre Aufgabe ist es, Ihre Spiritualität zu leben. Sie sind begabt und kreativ, hellfühlend und offen. Sie verfügen über so gigantische spirituelle Gaben, dass Sie sie zum Beruf machen könnten oder sie zumindest als Hobby ausleben sollten. Das Universum wird ohnehin nicht ruhen, bis Sie das Thema anpacken und tätig werden. Sollten Sie das bereits erkannt haben, merken Sie Ihre Kräfte und haben Erfolge. Wenn nicht, dann tun Sie den ersten Schritt in Richtung Spiritualität und versuchen Sie, mit der Geist- und Fernheilung Ihre Mitmenschen zu unterstützen.

03.04.
Sie leben folgenden Weg in diesem Dasein: Themen 3, 4, 7

04.04.
Sie leben folgenden Weg in diesem Dasein: Themen 4, 8, 16

05.04.
Sie leben folgenden Weg in diesem Dasein: Themen 4, 5, 9

06.04.
Sie leben folgenden Weg in diesem Dasein: Themen 4, 6, 10

07.04.
Sie leben folgenden Weg in diesem Dasein: Themen 4, 7, 11

08.04.
Sie leben folgenden Weg in diesem Dasein: Themen 4, 8, 12

09.04.
Sie leben folgenden Weg in diesem Dasein: Themen 4, 9, 13

10.04.
Sie leben folgenden Weg in diesem Dasein: Themen 4, 10, 14

11. – 18. April
Sie sind in der Woche des Erfinders geboren. Ihre Aufgabe ist es, andere Menschen zu unterhalten und etwas Neues zu entdecken. Und das können Sie gut. Sie erfinden immer neue Schlüsselchen zu den Herzen der Menschen. Sie sind ein geborener Psychologe, der Menschenseelen heilen kann. Es ist Ihre Berufung, Sie leben das. Sie gehen stets neue Wege und faszinieren Menschen durch Ihre offene Art und Ihr besonderes Denken. Dieses ist aber nicht nur anders, sondern das eines Pioniers oder gar Revolutionärs. Sie verändern die Realität der anderen und stehen immer vorne. Erfinden Sie sich neu und trauen Sie sich mehr zu.

11.04.
Sie leben folgenden Weg in diesem Dasein: Themen 4, 11, 15

12.04.
Sie leben folgenden Weg in diesem Dasein: Themen 4, 12, 16

13.04.
Sie leben folgenden Weg in diesem Dasein: Themen 4, 13, 17

14.04.
Sie leben folgenden Weg in diesem Dasein: Themen 4, 14, 18

15.04.
Sie leben folgenden Weg in diesem Dasein: Themen 4, 15, 19

16.04.
Sie leben folgenden Weg in diesem Dasein: Themen 4, 16, 20

17.04.
Sie leben folgenden Weg in diesem Dasein: Themen 4, 17, 21

18.04.
Sie leben folgenden Weg in diesem Dasein: Themen 4, 18, 22

19. – 24. April
Sie sind in der Woche der Macht geboren. Ihre Aufgabe ist es, Menschenmassen zu führen und zu lernen, die eigene Macht einzusetzen. Oft merken Sie selbst, dass Sie eine gewisse Macht über Menschen haben. Setzen Sie die positive Energie um und leiten Sie Menschen in ihrem Dasein. Sie sind ein Heiler der Herzen! Sollte Ihre Machtgabe allerdings entgleist sein, können Sie verbittert werden. Achten Sie deshalb auf Ihre Herzenswärme. Nutzen Sie nie Ihre Macht aus! In dieser Woche Geborene besitzen eine sehr große geistige

Macht und müssen lernen, diese positiv zu nutzen. Mit Ihrem Geist können Sie Berge versetzen.

19.04.
Sie leben folgenden Weg in diesem Dasein: Themen 4, 19, 23

20.04.
Sie leben folgenden Weg in diesem Dasein: Themen 4, 20, 24

21.04.
Sie leben folgenden Weg in diesem Dasein: Themen 4, 21, 25

22.04.
Sie leben folgenden Weg in diesem Dasein: Themen 4, 22, 26

23.04.
Sie leben folgenden Weg in diesem Dasein: Themen 4, 23, 27

24.04.
Sie leben folgenden Weg in diesem Dasein: Themen 4, 24, 28

25. April – 2. Mai
Sie sind in der Woche des Wiedererstehens geboren. Ihre Aufgabe ist es, viele Probleme zu bewältigen und das Leben so zu leben, wie Sie es sich wünschen. Doch ist das nicht immer der Fall, und das Schicksal spielt nicht immer mit. Sie sind wie ein Phönix, der aus der Asche ersteht, und zwar immer wieder aufs Neue. Das Leben prüft Sie oft, aber Sie wissen mit diesen Prüfungen umzugehen. Sie erschaffen immer eine neue Realität und können die Probleme des Daseins bewältigen. Sie lernen aus ihnen und sind ein guter Psychologe ge-

worden. Wenn Sie hingefallen sind, stehen Sie auf und gehen Ihren Weg weiter.

25.04.
Sie leben folgenden Weg in diesem Dasein: Themen 4, 25, 29

26.04.
Sie leben folgenden Weg in diesem Dasein: Themen 4, 26, 30

27.04.
Sie leben folgenden Weg in diesem Dasein: Themen 4, 27, 31

28.04.
Sie leben folgenden Weg in diesem Dasein: Themen 4, 28, 32

29.04.
Sie leben folgenden Weg in diesem Dasein: Themen 4, 29, 33

30.04.
Sie leben folgenden Weg in diesem Dasein: Themen 4, 30, 34

01.05.
Sie leben folgenden Weg in diesem Dasein: Themen 1, 5, 6

02.05.
Sie leben folgenden Weg in diesem Dasein: Themen 2, 5, 7

*Mai*

3. – 10. Mai

Sie sind in der Woche des Belehrens geboren. Ihre Aufgabe ist es, andere Menschen zu belehren und aufzuklären. Allerdings nur die, die es wünschen. Sie werden lernen müssen, dass nicht jeder Ihre Meinung akzeptiert, und Sie werden lernen müssen, dass das immer so war und sein wird. Bleiben Sie bei Ihrer Meinung, binden Sie jedoch anderen Menschen keine Bären auf. Sie können anderen Menschen helfen, doch sich selbst zu helfen ist keine leichte Kunst. Lassen Sie Menschen an sich heran. Nehmen Sie deren Hilfe an. Auch das muss gelernt werden. Öffnen Sie sich für andere Meinungen und neue Wege.

03.05.

Sie leben folgenden Weg in diesem Dasein: Themen 3, 5, 8

04.05.

Sie leben folgenden Weg in diesem Dasein: Themen 4, 5, 9

05.05.

Sie leben folgenden Weg in diesem Dasein: Themen 5, 10, 15

06.05.

Sie leben folgenden Weg in diesem Dasein: Themen 5, 6, 11

07.05.

Sie leben folgenden Weg in diesem Dasein: Themen 5, 7, 12

08.05.

Sie leben folgenden Weg in diesem Dasein: Themen 5, 8, 13

09.05.
Sie leben folgenden Weg in diesem Dasein: Themen 5, 9, 14

10.05.
Sie leben folgenden Weg in diesem Dasein: Themen 5, 10, 15

11. – 18. Mai
Sie sind in der Woche der Natürlichkeit geboren. Ihre Aufgabe ist es, Weiß von Schwarz unterscheiden zu lernen. Sie können sehr naiv sein. Sie sind natürlich und offen. Aber Vorsicht! Nicht alle ticken so. Es gibt Menschen, die Sie manipulieren oder ausnutzen können. Derartige Erfahrungen bringen Sie weiter. Aber vieles im Leben kann man sich ersparen. Bleiben Sie einfach, werden Sie jedoch klüger und handeln Sie danach. Ihre intuitive Gabe ermöglicht Ihnen, im Voraus zu erkennen, wer Ihnen guttut und wer nicht. Ihre natürliche Art und Weise bringt Sie immer weiter. Genau das lieben die Menschen.

11.05.
Sie leben folgenden Weg in diesem Dasein: Themen 5, 11, 16

12.05.
Sie leben folgenden Weg in diesem Dasein: Themen 5, 12, 17

13.05.
Sie leben folgenden Weg in diesem Dasein: Themen 5, 13, 18

14.05.
Sie leben folgenden Weg in diesem Dasein: Themen 5, 14, 19

15.05.
Sie leben folgenden Weg in diesem Dasein: Themen 5, 15, 20

16.05.
Sie leben folgenden Weg in diesem Dasein: Themen 5, 16, 21

17.05.
Sie leben folgenden Weg in diesem Dasein: Themen 5, 17, 22

18.05.
Sie leben folgenden Weg in diesem Dasein: Themen 5, 18, 23

19. – 24. Mai
Sie sind in der Woche der Energie geboren. Ihre Aufgabe ist es, anderen zu helfen und sie zu heilen. Sie sind ein Energiemagnet der neuen Zeit. Sie sprudeln vor Energie und geben diese an Ihre Mitmenschen weiter. Achten Sie jedoch auf Ihre goldene Mitte und darauf, dass Sie nicht zu viel Energie verlieren. Auch Sie brauchen Energie fürs Leben. Sie sprudeln wie eine Fontäne aus Energie, aber auch eine Fontäne braucht Pausen. Gönnen Sie sich Ruhezeiten.

19.05.
Sie leben folgenden Weg in diesem Dasein: Themen 5, 19, 24

20.05.
Sie leben folgenden Weg in diesem Dasein: Themen 5, 20, 25

21.05.
Sie leben folgenden Weg in diesem Dasein: Themen 5, 21, 26

22.05.
Sie leben folgenden Weg in diesem Dasein: Themen 5, 22, 27

23.05.
Sie leben folgenden Weg in diesem Dasein: Themen 5, 23, 28

24.05.
Sie leben folgenden Weg in diesem Dasein: Themen 5, 24, 29

25. Mai – 2. Juni
Sie sind in der Woche der Freiheit geboren. Freiheitsliebe ist Ihr Ziel. Ihre Aufgabe ist es, die eigene Freiheit zu schützen und andere von ihren Dogmen zu befreien. Sie können Menschen zeigen, wie sie von bloßer Existenz zu wirklichem Leben kommen und das Leben genießen lernen. Sie sind ein Lehrer der Befreiung und sind in der Lage, alte Muster aufzubrechen. Tun Sie das, dann werden Sie schnell merken, dass Sie es richtig tun und Erfolge anziehen. Bleiben Sie dabei, so werden Sie glücklich. Ihr Motto ist »Ohne Freiheit kein Leben«.

25.05.
Sie leben folgenden Weg in diesem Dasein: Themen 5, 25, 30

26.05.
Sie leben folgenden Weg in diesem Dasein: Themen 5, 26, 31

27.05.
Sie leben folgenden Weg in diesem Dasein: Themen 5, 27, 32

28.05.
Sie leben folgenden Weg in diesem Dasein: Themen 5, 28, 33

29.05.
Sie leben folgenden Weg in diesem Dasein: Themen 5, 29, 34

30.05.
Sie leben folgenden Weg in diesem Dasein: Themen 5, 30, 35

31.05.
Sie leben folgenden Weg in diesem Dasein: Themen 5, 31, 36

01.06.
Sie leben folgenden Weg in diesem Dasein: Themen 1, 6 ,7

02.06.
Sie leben folgenden Weg in diesem Dasein: Themen 2, 6, 8

*Juni*

3. – 10. Juni
Sie sind in der Woche der Sprache geboren. Ihre Aufgabe ist es, Ihre Sprache überall, wo sie gebraucht wird, einzusetzen und viel zu reden. Sie können dadurch Menschen um sich sammeln und sie auch führen. Ihre Sprache ist machtvoll. Sie merken bestimmt selbst, wie Ihre Stimme auf Menschen wirkt, wie sie sie beruhigt und gelassener macht. Setzen Sie Ihre Stimme ein, um die Herzen der Menschen zu berühren. Ein weiteres Thema ist, Fremdsprachen zu lernen. Sie sind ein Übersetzer im wahrsten Sinne des Wortes. Sie bauen Brücken zwischen Menschen und vermitteln durch Ihre Sprache Ideen.

03.06.
Sie leben folgenden Weg in diesem Dasein: Themen 3, 6, 9

04.06.
Sie leben folgenden Weg in diesem Dasein: Themen 4, 6, 10

05.06.
Sie leben folgenden Weg in diesem Dasein: Themen 5, 6, 11

06.06.
Sie leben folgenden Weg in diesem Dasein: Themen 6, 12, 18

07.06.
Sie leben folgenden Weg in diesem Dasein: Themen 6, 7, 13

08.06.
Sie leben folgenden Weg in diesem Dasein: Themen 6, 8, 14

09.06.
Sie leben folgenden Weg in diesem Dasein: Themen 6, 9, 15

10.06.
Sie leben folgenden Weg in diesem Dasein: Themen 6, 10, 16

11. – 18. Juni
Sie sind in der Woche des Suchenden geboren. Ihre Aufgabe ist es, Ihre Lebensziele zu finden. Davon gibt es viele, und Sie sollten diese Ziele sortieren. Sie sind ständig auf der Suche nach etwas, sei es im beruflichen oder privaten Bereich. Sie suchen nach dem Sinn des Lebens, nach einem Hobby, nach Ihren Gaben. Sie besitzen bereits viele schöne Dinge, die Sie womöglich langweilen. Lernen Sie, das zu schätzen, was Sie besitzen, und Sie werden glücklich. Suchen Sie nach Ihrer goldenen Mitte.

11.06.
Sie leben folgenden Weg in diesem Dasein: Themen 6, 11, 17

12.06.
Sie leben folgenden Weg in diesem Dasein: Themen 6, 12, 18

13.06.
Sie leben folgenden Weg in diesem Dasein: Themen 6, 13, 19

14.06.
Sie leben folgenden Weg in diesem Dasein: Themen 6, 14, 20

15.06.
Sie leben folgenden Weg in diesem Dasein: Themen 6, 15, 21

16.06.
Sie leben folgenden Weg in diesem Dasein: Themen 6, 16, 22

17.06.
Sie leben folgenden Weg in diesem Dasein: Themen 6, 17, 23

18.06.
Sie leben folgenden Weg in diesem Dasein: Themen 6, 18, 24

19. – 24. Juni
Sie sind in der Woche der Magie geboren. Die magische Woche ist eine der karmischen Wochen. Ihre Aufgabe ist es, die spirituelle Entwicklung Ihrer Seele zu realisieren. Sie haben magische Kräfte und wirken magisch auf die Menschen. Sie besitzen versteckte Gaben wie kaum jemand sonst. Ihre heilenden Fähigkeiten sind einzigartig. Nutzen Sie sie, um die

Welt zu verbessern. Versuchen Sie sich in der Esoterik, in Ritualen oder im Bereich geistiges Heilen. Auch Hypnose oder Rückführungstherapie werden Ihnen Spaß machen. Magische Kräfte sind selten. Nutzen Sie die Magie auch in Ihrem Alltag. Integrieren Sie kurze Rituale in Ihr Leben, sie befreien Ihre Seele.

19.06.
Sie leben folgenden Weg in diesem Dasein: Themen 6, 19, 25

20.06.
Sie leben folgenden Weg in diesem Dasein: Themen 6, 20, 26

21.06.
Sie leben folgenden Weg in diesem Dasein: Themen 6, 21, 27

22.06.
Sie leben folgenden Weg in diesem Dasein: Themen 6, 22, 28

23.06.
Sie leben folgenden Weg in diesem Dasein: Themen 6, 23, 29

24.06.
Sie leben folgenden Weg in diesem Dasein: Themen 6, 24, 30

25. Juni – 2. Juli
Sie sind in der Woche des Mitgefühls geboren. Ihre Aufgabe ist es, Menschen zu beruhigen und Mitgefühl zu lernen. Sie ziehen Problemfälle oft magisch an und versuchen, anderen immer zu helfen. Sie sind der geborene Psychologe! Leider fehlt Ihnen das Mitgefühl Ihrer Mitmenschen. Sie lernen,

Mitgefühl zu entwickeln, und können immer mehr Menschen spüren. Sie wissen genau, was Menschen brauchen und nach was sie sich sehnen. Fühlen Sie, und Sie werden gefühlt.

25.06.
Sie leben folgenden Weg in diesem Dasein: Themen 6, 25, 31

26.06.
Sie leben folgenden Weg in diesem Dasein: Themen 6, 26, 32

27.06
Sie leben folgenden Weg in diesem Dasein: Themen 6, 27, 33

28.06.
Sie leben folgenden Weg in diesem Dasein: Themen 6, 28, 34

29.06.
Sie leben folgenden Weg in diesem Dasein: Themen 6, 29, 35

30.06.
Sie leben folgenden Weg in diesem Dasein: Themen 3, 30, 36

01.07.
Sie leben folgenden Weg in diesem Dasein: Themen 1, 7, 8

02.07.
Sie leben folgenden Weg in diesem Dasein: Themen 2, 7, 9

*Juli*

3. – 10. Juli

Sie sind in der Woche der Unausgewogenheit geboren. Ihre Aufgabe ist es, sich in diesem Leben zu finden und zu bestätigen. Sie besitzen Charakterstärke, sind zuverlässig, verzetteln sich allerdings oft. Ziele, die Sie sich stecken, erreichen Sie zwar immer, doch brauchen Sie mehr Ordnung in Ihrem Alltag. Ihre Privatsphäre, zu der Sie nur wenigen Menschen Zugang gewähren, ist Ihnen sehr wichtig. Sie müssen lernen, Ihr Wort zu halten und zu dem zu stehen, was Sie sagen. Sie verlieren unter Stress schnell Ihre Selbstsicherheit. So kann es passieren, dass Sie sich selbst oder andere verwirren.

03.07.
Sie leben folgenden Weg in diesem Dasein: Themen 3, 7, 10

04.07.
Sie leben folgenden Weg in diesem Dasein: Themen 4, 7, 11

05.07.
Sie leben folgenden Weg in diesem Dasein: Themen 5, 7, 12

06.07.
Sie leben folgenden Weg in diesem Dasein: Themen 6, 7, 13

07.07.
Sie leben folgenden Weg in diesem Dasein: Themen 7, 14, 21

08.07.
Sie leben folgenden Weg in diesem Dasein: Themen 7, 8, 15

09.07.
Sie leben folgenden Weg in diesem Dasein: Themen 7, 9, 16

10.07.
Sie leben folgenden Weg in diesem Dasein: Themen 7, 10, 17

11. – 18. Juli
Sie sind in der Woche der Überzeugung geboren. Ihre Aufgabe ist es, andere Menschen zu überzeugen. Sie stellen häufig Ihr eigenes Interesse hinter das Ihrer Mitmenschen zurück. Sie haben Ihre eigene Wahrheit. Es geht Ihnen gut, wenn es nahestehenden Mitmenschen gut geht. Lassen Sie sich jedoch nicht ausnutzen und lernen Sie, sich abzugrenzen. Es fehlt Ihnen manchmal an Selbstvertrauen, doch ab und an haben Sie zu viel davon. Sie lassen sich leicht durch Ihr Umfeld beeinflussen, können jedoch auch andere überzeugen, Ihnen zu folgen.

11.07.
Sie leben folgenden Weg in diesem Dasein: Themen 7, 11, 18

12.07.
Sie leben folgenden Weg in diesem Dasein: Themen 7, 12, 19

13.07.
Sie leben folgenden Weg in diesem Dasein: Themen 7, 13, 20

14.07.
Sie leben folgenden Weg in diesem Dasein: Themen 7, 14, 21

15.07.
Sie leben folgenden Weg in diesem Dasein: Themen 7, 15, 22

16.07.
Sie leben folgenden Weg in diesem Dasein: Themen 7, 16, 23

17.07.
Sie leben folgenden Weg in diesem Dasein: Themen 7, 17, 24

18.07.
Sie leben folgenden Weg in diesem Dasein: Themen 7, 18, 25

19. – 25. Juli
Sie sind in der Woche des Bebens und Schwebens geboren. So ist auch Ihr Leben schwebend bewegend. Ihre Aufgabe ist es zu kämpfen. Sie sind ein sehr vielseitiger Mensch, charmant und aufgeschlossen. Sie sollten im Beruf Ihre Kreativität und Kontaktfreudigkeit ausleben können. Allerdings geraten Sie immer wieder in eine Sackgasse, weil Sie zu wenig an sich glauben. Auch privat brauchen Sie stets eine Herausforderung. Haben Sie etwas erreicht, wird es schnell uninteressant.

19.07.
Sie leben folgenden Weg in diesem Dasein: Themen 7, 19, 26

20.07.
Sie leben folgenden Weg in diesem Dasein: Themen 7, 20, 27

21.07.
Sie leben folgenden Weg in diesem Dasein: Themen 7, 21, 28

22.07.
Sie leben folgenden Weg in diesem Dasein: Themen 7, 22, 29

23.07.
Sie leben folgenden Weg in diesem Dasein: Themen 7, 23, 30

24.07.
Sie leben folgenden Weg in diesem Dasein: Themen 7, 24, 31

25.07.
Sie leben folgenden Weg in diesem Dasein: Themen 7, 25, 32

26. Juli – 2. August
Sie sind in der Woche der Autorität geboren. Sie müssen lernen, autoritär zu wirken. Sie sind ein bodenständiger, praktischer, verantwortungsbewusster Mensch. Man kann sich auf Sie verlassen. Nehmen Sie sich etwas vor, organisieren Sie alles schnell und erledigen es sehr genau. Spontanität fällt Ihnen schwer. Sie können sehr dominierend wirken und wollen auf keinen Fall Ihre Autorität verlieren. Denken Sie daran, sich immer wieder weiterzubilden.

26.07.
Sie leben folgenden Weg in diesem Dasein: Themen 7, 26, 33

27.07.
Sie leben folgenden Weg in diesem Dasein: Themen 7, 27, 34

28.07.
Sie leben folgenden Weg in diesem Dasein: Themen 7, 28, 35

29.07.
Sie leben folgenden Weg in diesem Dasein: Themen 7, 29, 36

30.07.
Sie leben folgenden Weg in diesem Dasein: Themen 7, 30, 37

31.07.
Sie leben folgenden Weg in diesem Dasein: Themen 7, 31, 38

01.08.
Sie leben folgenden Weg in diesem Dasein: Themen 1, 8, 9

02.08.
Sie leben folgenden Weg in diesem Dasein: Themen 2, 8, 10

*August*

3. – 10. August

Sie sind in der Woche der ausgewogenen Kraft geboren. Ihre Aufgabe ist es, die eigene Kraft an Menschen weiterzuleiten und die goldene Mitte in Ihrer Seele zu finden. Sie lieben den Wechsel und erleben immer wieder etwas Neues. Ihre Neugier ist unersättlich. Sie haben Mut und Durchsetzungsvermögen. Sie können manchmal sehr eigensinnig und verletzend wirken. Sie sind harmoniebedürftig und lieben die schönen Dinge im Leben. Sie brauchen Ihre goldene Mitte, um andere Menschen zu stabilisieren und zu führen. Sie sind ein Lehrer, der sein Wissen gerne verbreitet.

03.08.
Sie leben folgenden Weg in diesem Dasein: Themen 3, 8, 11

04.08.
Sie leben folgenden Weg in diesem Dasein: Themen 4, 8, 12

05.08.
Sie leben folgenden Weg in diesem Dasein: Themen 5, 8, 13

06.08.
Sie leben folgenden Weg in diesem Dasein: Themen 6, 8, 14

07.08.
Sie leben folgenden Weg in diesem Dasein: Themen 7, 8, 15

08.08.
Sie leben folgenden Weg in diesem Dasein: 8, 16, 24

09.08.
Sie leben folgenden Weg in diesem Dasein: Themen 8, 9, 17

10.08.
Sie leben folgenden Weg in diesem Dasein: Themen 8, 10, 18

11. – 18. August
Sie sind in der Woche der Führung geboren. Ihre Aufgabe ist es, die Menschen in Ihrer Umgebung zu beraten und zu unterstützen, sie zu organisieren und zu führen. Sie besitzen einen ausgeprägten Gerechtigkeitssinn, sind sehr sozial eingestellt und in helfenden Berufen zu finden. Sie geben gern gute Ratschläge, nehmen aber ungern welche an. Sie glauben nur an Dinge, die Sie selbst erfahren haben. So kann es sein, dass Sie von anderen als unflexibel oder stur eingeschätzt werden.

11.08.
Sie leben folgenden Weg in diesem Dasein: Themen 8, 11, 19

12.08.
Sie leben folgenden Weg in diesem Dasein: Themen 8, 12, 20

13.08.
Sie leben folgenden Weg in diesem Dasein: Themen 8, 13, 21

14.08.
Sie leben folgenden Weg in diesem Dasein: Themen 8, 14, 22

15.08.
Sie leben folgenden Weg in diesem Dasein: Themen 8, 15, 23

16.08.
Sie leben folgenden Weg in diesem Dasein: Themen 8, 16, 24

17.08.
Sie leben folgenden Weg in diesem Dasein: Themen 8, 17, 25

18.08.
Sie leben folgenden Weg in diesem Dasein: Themen 8, 18, 26

19. – 25. August
Sie sind in der Woche des Zulassens und Öffnens geboren. Ihre Aufgabe ist es, für sich selbst etwas zu tun und sich immer wieder etwas zu gönnen. Sie sind sehr kreativ, haben Geschäftssinn und denken logisch. Nur lassen Sie die Ideen nicht fließen. Großen Wert legen Sie auf Ihre Privatsphäre. Sie versuchen immer, Ihr Leben im Gleichgewicht zu halten. So kann es sein, dass Sie einen Beruf ausüben, der Ihnen zwar keinen Spaß macht, Sie dafür aber gut absichert.

19.08.
Sie leben folgenden Weg in diesem Dasein: Themen 8, 19, 27

20.08.
Sie leben folgenden Weg in diesem Dasein: Themen 8, 20, 28

21.08.
Sie leben folgenden Weg in diesem Dasein: Themen 8, 21, 29

22.08.
Sie leben folgenden Weg in diesem Dasein: Themen 8, 22, 30

23.08.
Sie leben folgenden Weg in diesem Dasein: Themen 8, 23, 31

24.08.
Sie leben folgenden Weg in diesem Dasein: Themen 8, 24, 32

25.08.
Sie leben folgenden Weg in diesem Dasein: Themen 8, 25, 33

26. August – 2. September
Sie sind in der Woche der Logik geboren. Ihre Aufgabe ist es, Ihre Ideen in die Tat umzusetzen und Ihre Logik zu nutzen. Sie besitzen großes Verantwortungsbewusstsein, müssen aber aufpassen, dass Ihre Gutmütigkeit nicht ausgenutzt wird. Sie können voller Vorurteile sein. Es gibt nicht nur die Logik, sondern auch noch seelische Bedürfnisse und die Intuition. Hören Sie auf diese! Jeder Mensch hat zwar einen Kopf, sollte jedoch auch der Intuition ihren Raum lassen. Denken Sie logisch, vergessen Sie dabei jedoch Ihr Herz nicht. Wenn Sie das

schaffen, werden Sie immer richtige Entscheidungen treffen. Dadurch schalten Sie Ihr Gedankenkarussell ab.

26.08.
Sie leben folgenden Weg in diesem Dasein: Themen 8, 26, 34

27.08.
Sie leben folgenden Weg in diesem Dasein: Themen 8, 27, 35

28.08.
Sie leben folgenden Weg in diesem Dasein: Themen 8, 28, 36

29.08.
Sie leben folgenden Weg in diesem Dasein: Themen 8, 29, 37

30.08.
Sie leben folgenden Weg in diesem Dasein: Themen 8, 30, 38

31.08.
Sie leben folgenden Weg in diesem Dasein: Themen 8, 31, 39

01.09.
Sie leben folgenden Weg in diesem Dasein: Themen 1, 9, 10

02.09.
Sie leben folgenden Weg in diesem Dasein: Themen 2, 9, 11

*September*
3. – 10. September
Sie sind in der rätselhaften Woche geboren. Ihre Aufgabe ist es, die Geheimnisse der Seele zu lüften. Sie sind unerschro-

cken und charakterstark. Ihr Ich-Bewusstsein ist sehr ausgeprägt, Sie besitzen ein starkes Durchsetzungsvermögen und sind sehr zielstrebig. Sie haben ein übertriebenes Verantwortungsbewusstsein, das anderen keine Luft zum Atmen lässt. Niemand kann Sie verstehen. Sie sind ein Rätsel für die Menschen, und Ihre Lebensaufgabe ist es, zur eigenen Seele zu finden. Bleiben Sie geheimnisvoll. Das ist Ihre Stärke.

03.09.
Sie leben folgenden Weg in diesem Dasein: Themen 3, 9, 12

04.09.
Sie leben folgenden Weg in diesem Dasein: Themen 4, 9, 13

05.09.
Sie leben folgenden Weg in diesem Dasein: Themen 5, 9, 14

06.09.
Sie leben folgenden Weg in diesem Dasein: Themen 6, 9, 15

07.09.
Sie leben folgenden Weg in diesem Dasein: Themen 7, 9, 16

08.09.
Sie leben folgenden Weg in diesem Dasein: Themen 8, 9, 17

09.09.
Sie leben folgenden Weg in diesem Dasein: Themen 9, 18, 27

10.09.
Sie leben folgenden Weg in diesem Dasein: Themen 9, 10, 19

11. – 18. September
Sie sind in der Woche des Lehrlings und Entwicklers geboren. Ihre Aufgabe ist es, aus Ihren eigenen Fehlern zu lernen. Dazu müssen Sie aber nicht immer den gleichen Fehler wiederholen. Sie entwickeln sich ständig und können nie stehen bleiben oder einfach nichts tun. Das ist nicht Ihre Welt. Lernen Sie jedoch, sich auch etwas Freizeit zu gönnen. Vergrößern Sie weiter Ihr Wissen und verbreiten Sie das Gelernte.

11.09.
Sie leben folgenden Weg in diesem Dasein: Themen 9, 11, 20

12.09.
Sie leben folgenden Weg in diesem Dasein: Themen 9, 12, 21

13.09.
Sie leben folgenden Weg in diesem Dasein: Themen 9, 13, 22

14.09.
Sie leben folgenden Weg in diesem Dasein: Themen 9, 14, 23

15.09.
Sie leben folgenden Weg in diesem Dasein: Themen 9, 15, 24

16.09.
Sie leben folgenden Weg in diesem Dasein: Themen 9, 16, 25

17.09.
Sie leben folgenden Weg in diesem Dasein: Themen 9, 17, 26

18.09.
Sie leben folgenden Weg in diesem Dasein: Themen 9, 18, 27

19. – 24. September
Sie sind in der Woche der Schönheit geboren. Ihre Aufgabe ist es, die Schönheit der Welt zu erkennen und die eigene Schönheit wahrzunehmen. Sie lernen, sich selbst zu lieben und zu schätzen und sich etwas zu gönnen. Sie lernen zu erkennen, dass Sie der wichtigste Mensch Ihres Lebens sind. Sie selbst sind die Ihnen nahestehende Bezugsperson. Mit dem Thema Vertrauen werden Sie ebenfalls oft konfrontiert. Erkennen Sie die Schönheit an sich, wird Ihnen auch Ihre Welt schön erscheinen.

19.09.
Sie leben folgenden Weg in diesem Dasein: Themen 9, 19, 28

20.09.
Sie leben folgenden Weg in diesem Dasein: Themen 9, 20, 29

21.09.
Sie leben folgenden Weg in diesem Dasein: Themen 9, 21, 30

22.09.
Sie leben folgenden Weg in diesem Dasein: Themen 9, 22, 31

23.09.
Sie leben folgenden Weg in diesem Dasein: Themen 9, 23, 32

24.09.
Sie leben folgenden Weg in diesem Dasein: Themen 9, 24, 33

25. September – 2. Oktober
Sie sind in der Woche der Perfektion geboren. Ihre Aufgabe ist es, perfekter zu sein als andere. Aber nichts ist perfekt in dieser Welt! Auch Sie sind es nicht. Ihre Lernaufgabe ist es zu erkennen, dass man nicht alles perfekt abliefern muss und dass niemand von Ihnen erwartet, perfekt zu sein. Sie strengen sich an und geben Ihr Bestes, und das gelingt Ihnen auch. In Sachen Partnerschaft sollten Sie jedoch lernen, dass jeder Mensch seine Fehler hat und dass es keinen Menschen gibt, der perfekt ist.

25.09.
Sie leben folgenden Weg in diesem Dasein: Themen 9, 25, 34

26.09.
Sie leben folgenden Weg in diesem Dasein: Themen 9, 26, 35

27.09.
Sie leben folgenden Weg in diesem Dasein: Themen 9, 27, 36

28.09.
Sie leben folgenden Weg in diesem Dasein: Themen 9, 28, 37

29.09.
Sie leben folgenden Weg in diesem Dasein: Themen 9, 29, 38

30.09.
Das ist der besondere Tag im Schamanismus! Er wird als Zwillingstag bezeichnet. Dies hat jedoch mit dem Sternzeichen Zwillinge nichts zu tun. Hier übernehmen Sie den Weg des Vortags, und dazu kommt Ihr eigener Weg. Sie leben folgen-

den Weg in diesem Dasein: Themen 9, 30, 39 und einen Teil der Themen Nr. 29 und 38.

01.10.
Sie leben folgenden Weg in diesem Dasein: Themen 1, 10, 11

02.10.
Sie leben folgenden Weg in diesem Dasein: Themen 2, 10, 12

*Oktober*
3. – 10. Oktober
Sie sind in der Woche der Gesellschaft geboren. Ihre Aufgabe ist es, sich selbst für andere einzusetzen oder gar zu opfern. Eine zweite Aufgabe ist zu lernen, Kompromisse zu schließen. Sie sind ein Mensch, der weiß, wie man mit Menschen umgehen sollte. Sie können nicht allein sein, sondern brauchen Menschen um sich herum. Sie wirken zudem wie ein Magnet auf Menschen, die Hilfe brauchen. Helfen Sie ihnen, und Sie werden Liebe erfahren. Sie sind ein guter Unterhalter und sollten diese Gabe nutzen, damit Menschen Ihren Ratschlägen folgen.

03.10.
Sie leben folgenden Weg in diesem Dasein: Themen 3, 10, 13

04.10.
Sie leben folgenden Weg in diesem Dasein: Themen 4, 10, 14

05.10.
Sie leben folgenden Weg in diesem Dasein: Themen 5, 10, 15

06.10.
Sie leben folgenden Weg in diesem Dasein: Themen 6, 10, 16

07.10.
Sie leben folgenden Weg in diesem Dasein: Themen 7, 10, 17

08.10.
Sie leben folgenden Weg in diesem Dasein: Themen 8, 10, 18

09.10.
Sie leben folgenden Weg in diesem Dasein: Themen 9, 10, 19

10.10.
Sie leben folgenden Weg in diesem Dasein: Themen 10, 20, 30

11. – 18. Oktober
Sie sind in der Woche des Theaters und Schauspiels geboren. Ihre Aufgabe ist es, Ihr Leben spielerisch und leicht zu leben und das Leben anderer Menschen durch Ihr Beispiel zu erleichtern. Sie können sich mit jeder Situation abfinden. Sie faszinieren Menschen durch Ihre offene Art und können die Herzen der Menschen berühren. Bleiben Sie Sie selbst, und nichts kann Ihnen widerstehen.

11.10.
Sie leben folgenden Weg in diesem Dasein: Themen 10, 11, 21

12.10.
Sie leben folgenden Weg in diesem Dasein: Themen 10, 12, 22

13.10.
Sie leben folgenden Weg in diesem Dasein: Themen 10, 13, 23

14.10.
Sie leben folgenden Weg in diesem Dasein: Themen 10, 14, 24

15.10.
Sie leben folgenden Weg in diesem Dasein: Themen 10, 15, 25

16.10.
Sie leben folgenden Weg in diesem Dasein: Themen 10, 16, 26

17.10.
Sie leben folgenden Weg in diesem Dasein: Themen 10, 17, 27

18.10.
Sie leben folgenden Weg in diesem Dasein: Themen 10, 18, 28

19. – 25. Oktober
Sie sind in der Woche der Kritik geboren. Ihre Aufgabe ist es, Kritik annehmen zu lernen und selbst andere zu kritisieren. Es ist nicht immer leicht, in der Kritik zu stehen. Aber auch Kritik ist Anerkennung. Niemand wird etwas kritisieren, das man für unwichtig hält. Bedenken Sie: Wenn Sie kritisiert werden, hat man Sie bemerkt. Wenn man etwas tut, das niemanden interessiert, bekommt man gewöhnlich keine Kritik. Werden Sie kritisiert, hat man Sie und Ihre Taten im Blick, und das ist gut so. Kritik ist ein Zeichen der Anerkennung.

19.10.
Sie leben folgenden Weg in diesem Dasein: Themen 10, 19, 29

20.10.
Sie leben folgenden Weg in diesem Dasein: Themen 10, 20, 30

21.10.
Sie leben folgenden Weg in diesem Dasein: Themen 10, 21, 31

22.10.
Sie leben folgenden Weg in diesem Dasein: Themen 10, 22, 32

23.10.
Sie leben folgenden Weg in diesem Dasein: Themen 10, 23, 33

24.10.
Sie leben folgenden Weg in diesem Dasein: Themen 10, 24, 34

25.10.
Sie leben folgenden Weg in diesem Dasein: Themen 10, 25, 35

26. Oktober – 2. November
Sie sind in der Woche der Intensität geboren. Ihre Aufgabe ist es, Ihr Leben intensiver zu leben und die Umwelt zu verändern. Sie sind ein sehr sprunghafter Mensch mit vielen Facetten und haben noch mehr Seiten an sich selbst zu entdecken. Intensität ist Ihnen wichtig. Vieles um Sie herum verändert sich rasch. Bleiben Sie so wie Sie sind und behalten Sie Ihre Geschwindigkeit bei. Sie können sich gleichzeitig intensiv mit verschiedenen Dingen beschäftigen und diese erledigen.

26.10.
Sie leben folgenden Weg in diesem Dasein: Themen 10, 26, 36

27.10.
Sie leben folgenden Weg in diesem Dasein: Themen 10, 27, 37

28.10.
Sie leben folgenden Weg in diesem Dasein: Themen 10, 28, 38

29.10.
Sie leben folgenden Weg in diesem Dasein: Themen 10, 29, 39

30.10.
Sie leben folgenden Weg in diesem Dasein: Themen 10, 30, 40

31.10.
Sie leben folgenden Weg in diesem Dasein: Themen 10, 31, 41

01.11.
Sie leben folgenden Weg in diesem Dasein: Themen 1, 11, 12

02.11.
Sie leben folgenden Weg in diesem Dasein: Themen 2, 11, 13

*November*

3. – 11. November
Sie sind in der Woche der Tiefe geboren. Ihre Aufgabe ist es, den tieferen Sinn des Lebens zu erkennen. Ihr Lebensweg führt deshalb durch viele Tiefen, aber auch Höhen. Nehmen Sie diese ruhiger an, denn Sie haben nichts zu verlieren. Leben Sie Ihr Leben so, als ob jeder Tag der letzte Tag Ihres Lebens wäre, und Ihnen werden tiefsinnige Gedanken kommen. Sie werden erkennen, dass es noch viel mehr gibt als das, was

man mit den Augen sehen kann. Entwickeln Sie Ihre spirituelle Ader und helfen Sie Menschen, die Sie nach Hilfe fragen. Sie sehen die Ursachen dessen, was geschieht, und können dadurch schnell Lösungen finden.

03.11.
Sie leben folgenden Weg in diesem Dasein: Themen 3, 11, 14

04.11.
Sie leben folgenden Weg in diesem Dasein: Themen 4, 11, 15

05.11.
Sie leben folgenden Weg in diesem Dasein: Themen 5, 11, 16

06.11.
Sie leben folgenden Weg in diesem Dasein: Themen 6, 11, 17

07.11.
Sie leben folgenden Weg in diesem Dasein: Themen 7, 11, 18

08.11.
Sie leben folgenden Weg in diesem Dasein: Themen 8, 11, 19

09.11.
Sie leben folgenden Weg in diesem Dasein: Themen 9, 11, 20

10.11.
Sie leben folgenden Weg in diesem Dasein: Themen 10, 11, 21

11.11.
Sie leben folgenden Weg in diesem Dasein: Themen 11, 22, 33

12. – 18. November
Sie sind in der Woche des Charmes geboren. Ihre Aufgabe ist, mit Ihrem Charme anderen Menschen zu dienen. Sie kommen immer und überall gut an. Nutzen Sie dieses Geschenk des Schicksals! Sie können Menschen faszinieren, sie führen und lehren. Ihre offene Art ermöglicht es, dass Menschen Ihnen folgen.

12.11.
Sie leben folgenden Weg in diesem Dasein: Themen 11, 12, 23

13.11.
Sie leben folgenden Weg in diesem Dasein: Themen 11, 13, 24

14.11.
Sie leben folgenden Weg in diesem Dasein: Themen 11, 14, 25

15.11.
Sie leben folgenden Weg in diesem Dasein: Themen 11, 15, 26

16.11.
Sie leben folgenden Weg in diesem Dasein: Themen 11, 16, 27

17.11.
Sie leben folgenden Weg in diesem Dasein: Themen 11, 17, 28

18.11.
Sie leben folgenden Weg in diesem Dasein: Themen 11, 18, 29

19. – 24. November
Sie sind in der Woche der Veränderung geboren. Ihre Aufgabe ist es, vieles um Sie herum durch Ihre Art zu verändern und Bewegung in die Welt zu bringen. Auch Ihr eigenes Leben bleibt nicht stehen. Sie erleben in Ihrem Dasein viele Veränderungen mit Höhen und Tiefen. Einige Veränderungen könnten Sie irritieren. Bedenken Sie aber: Alles, was geschieht, ist zum Guten, auch wenn Sie das in diesem Moment nicht bemerken.

19.11.
Sie leben folgenden Weg in diesem Dasein: Themen 11, 19, 30

20.11.
Sie leben folgenden Weg in diesem Dasein: Themen 11, 20, 31

21.11.
Sie leben folgenden Weg in diesem Dasein: Themen 11, 21, 32

22.11.
Sie leben folgenden Weg in diesem Dasein: Themen 11, 22, 33

23.11.
Sie leben folgenden Weg in diesem Dasein: Themen 11, 23, 34

24.11.
Sie leben folgenden Weg in diesem Dasein: Themen 11, 24, 35

25. November – 2. Dezember
Sie sind in der Woche der Unabhängigkeit geboren. Ihre Aufgabe ist es, im Leben unabhängig zu bleiben oder es zu werden

und Süchte zu bekämpfen. Sie haben einen Sinn fürs Leben, versäumen jedoch häufig, die Geschenke des Lebens zu erkennen, oder Sie ignorieren sie. Tun Sie das nicht, dann werden Sie um ein Vielfaches mehr beschenkt. Eine selbstständige Tätigkeit wäre gut für Sie, auch wenn diese ein Zweitjob sein sollte.

25.11.
Sie leben folgenden Weg in diesem Dasein: Themen 11, 25, 36

26.11.
Sie leben folgenden Weg in diesem Dasein: Themen 11, 26, 37

27.11.
Sie leben folgenden Weg in diesem Dasein: Themen 11, 27, 38

28.11.
Sie leben folgenden Weg in diesem Dasein: Themen 11, 28, 39

29.11.
Sie leben folgenden Weg in diesem Dasein: Themen 11, 29, 40

30.11
Sie leben folgenden Weg in diesem Dasein: Themen 11, 30, 41

01.12.
Sie leben folgenden Weg in diesem Dasein: Themen 1, 12, 13

02.12.
Sie leben folgenden Weg in diesem Dasein: Themen 2, 12, 14

*Dezember*

3. – 10. Dezember

Sie sind in der Woche der Initiative geboren. Ihre Aufgabe ist es, Initiative und Verantwortung zu übernehmen. Sobald Sie die Initiative ergreifen, werden Sie merken, wie interessant das Leben sein kann. Sie haben Schwung, Charme und Führungsstärke. Wer soll die Aufgabe, zu führen, übernehmen, wenn nicht Sie? Also packen Sie an, strengen Sie sich an, und Sie werden beschenkt. Sie sind der Pionier, auf den die Menschen hören.

03.12.
Sie leben folgenden Weg in diesem Dasein: Themen 3, 12, 15

04.12.
Sie leben folgenden Weg in diesem Dasein: Themen 4, 12, 16

05.12.
Sie leben folgenden Weg in diesem Dasein: Themen 5, 12, 17

06.12.
Sie leben folgenden Weg in diesem Dasein: Themen 6, 12, 18

07.12.
Sie leben folgenden Weg in diesem Dasein: Themen 7, 12, 19

08.12.
Sie leben folgenden Weg in diesem Dasein: Themen 8, 12, 20

09.12.
Sie leben folgenden Weg in diesem Dasein: Themen 9, 12, 21

10.12.
Sie leben folgenden Weg in diesem Dasein: Themen 10, 12, 22

11. – 18. Dezember
Sie sind in der Titanwoche, der Woche der Umsetzung, geboren. Sie müssen lernen, Ihre Ziele in die Tat umzusetzen. Ideen haben Sie im Übermaß. Nun sollten Sie zusehen, wie Sie diese umsetzen und wer Ihnen dabei helfen kann. Lernen Sie, Ihre Ideen in die Tat umzusetzen, auch wenn das unmöglich erscheint. Sie werden alles schaffen. Diese Woche hat viel mit Ihrem eigenen Karma zu tun. Sie haben viele Tugenden aus dem Vorleben mitgebracht, die Sie nutzen können. Dazu gehören Ihr Charakter und Ihre Gaben. Setzen Sie sie ein, um weiterzukommen und zu siegen. Werden Sie aktiv.

11.12.
Sie leben folgenden Weg in diesem Dasein: Themen 11, 12, 23

12.12.
Sie leben folgenden Weg in diesem Dasein: Themen 12, 24, 36

13.12.
Sie leben folgenden Weg in diesem Dasein: Themen 12, 13, 25

14.12.
Sie leben folgenden Weg in diesem Dasein: Themen 12, 14, 26

15.12.
Sie leben folgenden Weg in diesem Dasein: Themen 12, 15, 27

16.12.
Sie leben folgenden Weg in diesem Dasein: Themen 12, 16, 28

17.12.
Sie leben folgenden Weg in diesem Dasein: Themen 12, 17, 29

18.12.
Sie leben folgenden Weg in diesem Dasein: Themen 12, 18, 30

19. – 25. Dezember
Sie sind in der Woche des Hellfühlens geboren. Ihre Aufgabe ist es, Ihre Intuition zu leben. Achten Sie auf diese Gabe, eine solche hat nicht jeder Mensch. Durch Ihre Intuition können Sie alles erreichen! Ab und zu müssen Sie versuchen, Ihren Kopf abzuschalten und zu handeln. Es gibt Situationen im Leben, in denen man sich in seinen Gedanken verliert. Schweben Sie nicht, hören Sie auf Ihr Herz! Ihre heilende Gabe kann zum Beruf gemacht werden.

19.12.
Sie leben folgenden Weg in diesem Dasein: Themen 12, 19, 31

20.12.
Sie leben folgenden Weg in diesem Dasein: Themen 12, 20, 32

21.12.
Sie leben folgenden Weg in diesem Dasein: Themen 12, 21, 33

22.12.
Sie leben folgenden Weg in diesem Dasein: Themen 12, 22, 34

23.12.
Sie leben folgenden Weg in diesem Dasein: Themen 12, 23, 35

24.12.
Sie leben folgenden Weg in diesem Dasein: Themen 12, 24, 36

25.12.
Sie leben folgenden Weg in diesem Dasein: Themen 12, 25, 37

26. Dezember – 2. Januar
Sie sind in der Woche des Führens geboren. Ihre Aufgabe ist es, andere zu führen und zu organisieren. Sie sind ein Organisationstalent und können alles managen, wenn Sie es wollen. Man kann bei Problemen mit Ihnen rechnen. Sie haben immer einen guten Rat und können Menschen neue Wege zeigen. Übernehmen Sie auch die Führung in Ihrem eigenen Leben.

26.12.
Sie leben folgenden Weg in diesem Dasein: Themen 12, 26, 38

27.12.
Sie leben folgenden Weg in diesem Dasein: Themen 12, 27, 39

28.12.
Sie leben folgenden Weg in diesem Dasein: Themen 12, 28, 40

29.12.
Sie leben folgenden Weg in diesem Dasein: Themen 12, 29, 41

30.12.
Sie leben folgenden Weg in diesem Dasein: Themen 12, 30, 42

31.12.
Sie leben folgenden Weg in diesem Dasein: Themen 12, 31, 43

01.01.
Sie leben folgenden Weg in diesem Dasein: Themen 1, 2, 3

02.01.
Sie leben folgenden Weg in diesem Dasein: Themen 1, 2, 3

*Januar*

3. – 9. Januar

Sie sind in der sogenannten Sich-trauen-Woche geboren. Ihre Aufgabe ist es, Vertrauen in die eigenen Kräfte zu finden. Das gelingt nicht immer leicht, aber Sie werden es schaffen! In den zwischenmenschlichen Beziehungen gibt es immer wieder Probleme, die gelöst werden sollten. Ich persönlich nenne solche Probleme »Themen«, die wir erledigen. Da es keine Zufälle gibt, entstehen solche Themen zu einem richtigen Zeitpunkt und zeigen uns, was wir verändern sollen. Fühlen Sie sich oft missverstanden? Kein Problem! Es muss nicht sein, dass Sie jeder versteht oder dass Sie jeden verstehen. Jeder Mensch ist einzigartig und hat seine eigene Realität.

03.01.
Sie leben folgenden Weg in diesem Dasein: Themen 1, 3, 4

04.01.
Sie leben folgenden Weg in diesem Dasein: Themen 1, 4, 5

05.01.
Sie leben folgenden Weg in diesem Dasein: Themen 1, 5, 6

06.01.
Sie leben folgenden Weg in diesem Dasein: Themen 1, 6, 7

07.01.
Sie leben folgenden Weg in diesem Dasein: Themen 1, 7, 8

08.01.
Sie leben folgenden Weg in diesem Dasein: Themen 1, 8, 9

09.01.
Sie leben folgenden Weg in diesem Dasein: Themen 1, 9, 10

10. – 16. Januar
Sie sind in der Woche des Lenkens geboren. Ihre Aufgabe ist es, gesellschaftliche Prozesse zu verändern. Das ist oft nicht leicht, und auch im menschlichen Miteinander haben Sie immer wieder Probleme zu lösen. Versuchen Sie nicht, bei jedermann Verständnis zu finden. Sie sind ein Pionier, Ihre Ideen sind zeitgerecht, auch wenn sie nicht sofort von anderen verstanden und angenommen werden. Engagieren Sie sich in einem Verein oder in der Politik.

10.01.
Sie leben folgenden Weg in diesem Dasein: Themen 1, 10, 11

11.01.
Sie leben folgenden Weg in diesem Dasein: Themen 1, 11, 12

12.01.
Sie leben folgenden Weg in diesem Dasein: Themen 1, 12, 13

13.01.
Sie leben folgenden Weg in diesem Dasein: Themen 1, 13, 14

14.01.
Sie leben folgenden Weg in diesem Dasein: Themen 1, 14, 15

15.01.
Sie leben folgenden Weg in diesem Dasein: Themen 1, 15, 16

16.01.
Sie leben folgenden Weg in diesem Dasein: Themen 1, 16, 17

17. – 22. Januar
Sie sind in der Woche des Geheimnisses geboren. Ihre Aufgabe ist es, das Geheimnis der Natur kennenzulernen. Auch Sie selbst können geheimnisvoll auf andere wirken, und viele Menschen halten Sie für einen Einzelgänger. Das ist aber kein Problem, wenn Sie Menschen direkt ansprechen, werden Sie verstanden. In Ihrem Leben können Sie viele Geheimnisse lüften.

17.01.
Sie leben folgenden Weg in diesem Dasein: Themen 1, 17, 18

18.01.
Sie leben folgenden Weg in diesem Dasein: Themen 1, 18, 19

19.01.
Sie leben folgenden Weg in diesem Dasein: Themen 1, 19, 20

20.01.
Sie leben folgenden Weg in diesem Dasein: Themen 1, 20, 21

21.01.
Sie leben folgenden Weg in diesem Dasein: Themen 1, 21, 22

22.01.
Sie leben folgenden Weg in diesem Dasein: Themen 1, 22, 23

23. – 30. Januar
Sie sind in der Woche des Genies geboren. Sie sollen Ihre Tatkraft einsetzen, um Ihre eigenen Ideen zu leben. Sie sind eben ein Genie! Akzeptieren Sie das und machen Sie etwas aus Ihren Talenten, die kaum noch jemand besitzt. Achten Sie auf Ihre außergewöhnlichen Gedanken und Ideen, denn es steckt viel Kraft in ihnen. Sie können sogar einige Patente schützen lassen. Kurz: Ihre Gedanken braucht die Menschheit!

23.01.
Sie leben folgenden Weg in diesem Dasein: Themen 1, 23, 24

24.01.
Sie leben folgenden Weg in diesem Dasein: Themen 1, 24, 25

25.01.
Sie leben folgenden Weg in diesem Dasein: Themen 1, 25, 26

26.01.
Sie leben folgenden Weg in diesem Dasein: Themen 1, 26, 27

27.01.
Sie leben folgenden Weg in diesem Dasein: Themen 1, 27, 28

28.01.
Sie leben folgenden Weg in diesem Dasein: Themen 1, 28, 29

29.01.
Sie leben folgenden Weg in diesem Dasein: Themen 1, 29, 30

30.01.
Sie leben folgenden Weg in diesem Dasein: Themen 1, 30, 31

*Februar*

31. Januar – 7. Februar
Sie sind in der Woche der Leichtigkeit geboren. Ihre Aufgabe ist es, das Leben leichter zu leben. Das gelingt Ihnen nicht immer, und auch in Ihren zwischenmenschlichen Beziehungen haben Sie immer wieder Probleme zu lösen. Doch Sie sind dazu geboren, anderen Menschen das Leben zu erleichtern. Durch Ihre offene Art erreichen Sie die Herzen anderer spielerisch. Nutzen Sie diese Fähigkeit, denn die Menschen folgen Ihnen gern.

31.01.
Sie leben folgenden Weg in diesem Dasein: Themen 1, 31, 32

01.02.
Sie leben folgenden Weg in diesem Dasein: Themen 1, 2, 3

02.02.
Sie leben folgenden Weg in diesem Dasein: Themen 2, 4, 6

03.02.
Sie leben folgenden Weg in diesem Dasein: Themen 2, 3, 5

04.02.
Sie leben folgenden Weg in diesem Dasein: Themen 2, 4, 6

05.02.
Sie leben folgenden Weg in diesem Dasein: Themen 2, 5, 7

06.02.
Sie leben folgenden Weg in diesem Dasein: Themen 2, 6, 8

07.02.
Sie leben folgenden Weg in diesem Dasein: Themen 2, 7, 9

8. – 15. Februar
Sie sind in der Woche des Loslassens geboren. Ihre Aufgabe ist es, das Loslassen zu erlernen. Das ist nicht immer leicht, doch Probleme in den zwischenmenschlichen Beziehungen sind normal. Sie müssen auch nicht von jedem verstanden werden. Bleiben Sie daher bei Ihrer eigenen Meinung und sortieren Sie Ihr Leben. Es gibt verschiedene Dinge, die Sie nicht brauchen. Lassen Sie diese los und werden Sie glücklich. Von Natur aus sind Sie ein sehr zuverlässiger Mensch, der gern lacht. Ihre gute Laune ist der Schlüssel zu Ihrem Erfolg.

08.02.
Sie leben folgenden Weg in diesem Dasein: Themen 2, 8, 10

09.02.
Sie leben folgenden Weg in diesem Dasein: Themen 2, 9, 11

10.02.
Sie leben folgenden Weg in diesem Dasein: Themen 2, 10, 12

11.02.
Sie leben folgenden Weg in diesem Dasein: Themen 2, 11, 13

12.02.
Sie leben folgenden Weg in diesem Dasein: Themen 2, 12 ,14

13.02.
Sie leben folgenden Weg in diesem Dasein: Themen 2, 13, 15

14.02.
Sie leben folgenden Weg in diesem Dasein: Themen 2, 14 ,16

15.02.
Sie leben folgenden Weg in diesem Dasein: Themen 2, 15, 17

16. – 22. Februar
Sie sind in der Woche des Gefühls geboren. Ihre Aufgabe ist es, Gefühle zu zeigen. Öffnen Sie anderen Ihre Seele und zeigen Sie Ihre Gefühle. In Ihrem Leben kommt es oft zu Situationen, in denen Sie sich entscheiden müssen. Auch Liebesbeziehungen und Freundschaften, die mit Gefühlen zu tun haben, irritieren Sie oft. Lernen Sie, gelassen zu bleiben. Analysieren Sie Ihre Emotionen und planen Sie sich genug Zeit ein für den Schlaf, um sich zu erholen.

16.02.
Sie leben folgenden Weg in diesem Dasein: Themen 2, 16, 18

17.02.
Sie leben folgenden Weg in diesem Dasein: Themen 2, 17, 19

18.02.
Sie leben folgenden Weg in diesem Dasein: Themen 2, 18, 20

19.02.
Sie leben folgenden Weg in diesem Dasein: Themen 2, 19, 21

20.02.
Sie leben folgenden Weg in diesem Dasein: Themen 2, 20, 22

21.02.
Sie leben folgenden Weg in diesem Dasein: Themen 2, 21, 23

22.02.
Sie leben folgenden Weg in diesem Dasein: Themen 2, 22, 24

23. Februar – 2. März
Sie sind in der Woche der geistigen Entwicklung geboren. Ihre Aufgabe ist es, geistige Gesetze verstehen zu lernen. Die Spiritualität ist Ihr zweites Zuhause. Erlernen Sie Meditationstechniken und nehmen Sie sich Zeit für sich. Beschäftigen Sie sich mit esoterischem Wissen. Ihre Seele entwickelt sich ständig und überall. Erlernen Sie Heilmethoden oder beschäftigen Sie sich mit Psychologie, und Sie werden zufrieden sein.

23.02.
Sie leben folgenden Weg in diesem Dasein: Themen 2, 23, 25

24.02.
Sie leben folgenden Weg in diesem Dasein: Themen 2, 24, 26

25.02.
Sie leben folgenden Weg in diesem Dasein: Themen 2, 25, 27

26.02.
Sie leben folgenden Weg in diesem Dasein: Themen 2, 26, 28

27.02.
Sie leben folgenden Weg in diesem Dasein: Themen 2, 27, 29

28.02.
Sie leben folgenden Weg in diesem Dasein: Themen 2, 28, 30

29.02.
Sie leben folgenden Weg in diesem Dasein: Themen 2, 29, 31

01.03.
Sie leben folgenden Weg in diesem Dasein: Themen 1, 3, 4

02.03.
Sie leben folgenden Weg in diesem Dasein: Themen 2, 3 ,5

# PLANETARISCHE KRÄFTE UND IHRE WIRKUNG

## Die Planeten und der Planetencode®

Wir sind vielen verschiedenen Energien ausgesetzt. Alle Planeten des Universums wirken auf die Erde und damit auf den Menschen. Schamanen arbeiten seit Menschengedenken mit den planetarischen Kräften. Sie wissen, dass Planeten und Sterne eine gewisse Wirkung auf Menschen haben und nutzen deren Frequenzen in ihren Ritualen und Zeremonien. Der Planetencode® ist eine Lehre der Impulse – eine Mischung aus Astrologie, Numerologie und Impulslehre. Nach dieser Lehre können wir durch unseren freien Willen einiges im Leben bewegen und so unsere Ziele erreichen. Dazu brauchen wir Frequenzen, die uns die Planeten senden. Dem Planetencode® zufolge empfangen wir bestimmte Frequenzen, die in unserem Geburtsdatum ablesbar sind. Durch eine Analyse können wir diese Frequenzen für die Karma-Umwandlung nutzen. In diesem Kapitel möchte ich Sie in diese Lehre einweihen.

Neben der Erde zählen diese Planeten zu unserem Sonnensystem:

- Merkur
- Venus

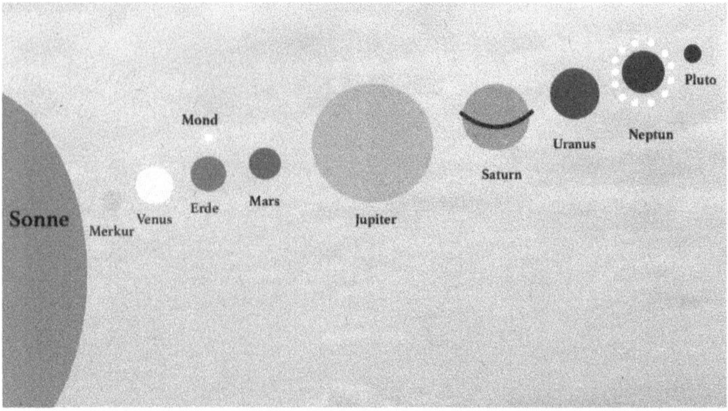


- Mars
- Jupiter
- Saturn
- Uranus
- Neptun
- Pluto (auch wenn er astronomisch nur noch als Zwergplanet gilt)

Je näher sich die Planeten zur Sonne befinden, desto wärmer und kraftvoller wirken sie auf die Erde und ihre Bewohner. Alle Planeten bewegen sich wie die Erde im Universum um die Sonne.

Die Grafik zeigt die Planeten sowie Sonne und Mond, wie sie in der Astrologie verwendet werden. Unser Planet Erde ist nicht abgebildet.

Wir unterscheiden:

- **Intellektuelle Planeten:** Sonne, Venus, Saturn
- **Intuitive Planeten:** Mond, Uranus, Neptun, Mars
- **Emotionale Planeten:** Merkur, Pluto, Jupiter

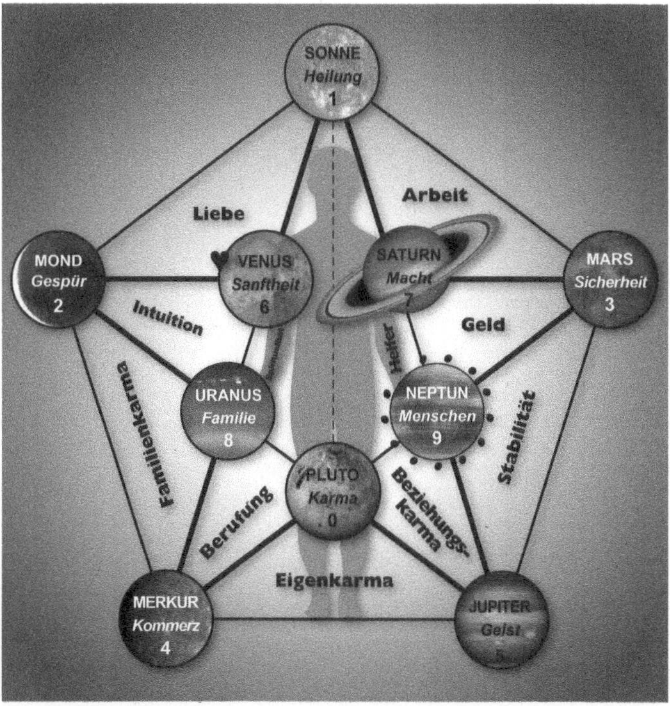


Je nach Dominanz in Ihrem Planetencode® ergeben sich folgende Aussagen:

- Sie sind überwiegend ein Denker (Produzent von Energien und Ideen). Sie spenden Energie und Impulse (überwiegend intellektuelle Planeten).
- Sie sind überwiegend ein intuitiver Mensch (Verteiler). Sie spüren und verteilen Energie und Impulse (überwiegend intuitive Planeten).
- Sie sind überwiegend ein Gefühlsmensch mit genug Erdung (Verbraucher). Sie brauchen Energie und Impulse (überwiegend emotionale Planeten).

- Sie sind ein Mischtyp und können Energien und Ideen sowohl produzieren als auch verteilen, verbrauchen sie aber auch (alle drei Planetenvariationen sind in gleicher Menge verfügbar).

Die Berechnung eines Planetencodes® beruht auf einem alten numerologischen System. Jede Zahl Ihres Geburtsdatums symbolisiert einen Planeten und seine Themen in Ihrem Leben. Die Planeten kommunizieren miteinander und ergeben eine bestimmte Mischfrequenz, die nur für Sie gilt. Diese macht Sie zu dem, was Sie sind. Die Kommunikation der Planeten verändert sich Jahr für Jahr, da in jedem Jahr ein neuer Regent (Jahresplanet) auftritt. Sie können diese Frequenzen zu Ihrem Wohl einsetzen und analysieren.

## Der Geburtsplanet

Die Sternencode-Lehre besagt, dass die verschiedenen Planeteneinflüsse eigene karmische Aufgaben für Sie mitbringen. Schließlich ist es kein Zufall, dass Sie unter dem Einfluss eines bestimmten Hauptplaneten und dem Einfluss weiterer Planetenfrequenzen geboren wurden. Die Planeten prägen unser Leben und bringen verschiedene Eigenschaften mit. Ihr Geburtsplanet ist der Planet, der an Ihrem Geburtstag am Himmel stand. Man nennt ihn Sternzeichen-Regent. Das ist zum Beispiel für den Löwen die Sonne und für den Widder der Mars. So steht etwa die Sonne für Lebenslust und Heilung, sie verleiht ihrem Träger viel Energie und Spontanität. Sie kann jedoch auch die Finger verbrennen.

Im Folgenden werde ich Ihnen die Zusammenhänge, die in der Liste unten kurz zusammengefasst sind, näher erklären.

| | | |
|---|---|---|
| Löwe | Sonne | 1 |
| Krebs | Mond | 2 |
| Widder | Mars | 3 |
| Jungfrau | Merkur | 4 |
| Zwillinge | Merkur | 4 |
| Schütze | Jupiter | 5 |
| Waage | Venus | 6 |
| Stier | Venus | 6 |
| Steinbock | Saturn | 7 |
| Wassermann | Uranus | 8 |
| Fisch | Neptun | 9 |
| Skorpion | Pluto | 0 |

**Geburtsplanet »Löwe«**

**Ihr Geburtsplanet ist die Sonne – 1.** Die Sonne macht Sie führend und bestimmend. Sie können durch diesen Impuls Ihr Leben so gestalten, wie Sie möchten. Doch verleiht er Ihnen auch ein etwas kindliches Verhalten. Je nachdem, wie Sie die Sonnenenergie einsetzen, verläuft Ihr Leben »sonnig« oder »schattig«, denn die Sonne kann Sie auch allzu übermütig machen. Die Sonne bringt viel Lebenslust, Stärke und Wachstum. Sie verleiht Ihnen auch heilende oder gar hellseherische Qualitäten. Durch sie ziehen Sie immer wieder Menschen in Ihrem Leben an, die Ihnen neue wichtige Impulse geben können. Das sind Menschen, die oft in ihrem Geburtsdatum folgende Zahlen haben: 2, 3, 4 und 5.

**Geburtsplanet »Krebs«**

**Ihr Geburtsplanet ist der Mond – 2.** Er symbolisiert die weibliche Seite Ihrer Psyche sowie die Medium-Gabe und mütterliche Qualitäten. Der Mondstrahl steht jedoch auch für Geld und Fülle. Er prägt Sie enorm. Die Mondfrequenz wirkt so stark, weil der Mond der Erde am nächsten steht. Da Sie den Mondstrahl erhalten haben, haben Sie einige Aufgaben mitgebracht, die mit Ihren Emotionen und Gefühlen zu tun haben. Sie müssen lernen, aus dem Herzen zu entscheiden und Ihren Kopf ab und zu abzuschalten. Durch diese Frequenz ziehen Sie Menschen in Ihr Leben, die Ihnen neue wichtige Impulse geben können. Das sind Menschen, die oft in ihrem Geburtsdatum folgende Zahlen haben: 1, 3, 5 und 6.

**Geburtsplanet »Widder«**

**Ihr Geburtsplanet ist der Mars – 3.** Er macht Sie stark, energetisch und enthusiastisch. Der Mars treibt Sie zu Ihren Zielen und macht Sie zum guten Kämpfer voller Elan und Kampfgeist. Seine Frequenz kann Sie jedoch auch egozentrisch machen. Der Mars zählt zu den karmischen Planeten. Er wird den Elementen Erde und Feuer zugeordnet. Meistens sind Sie durch die Marsfrequenz ein echter Abenteurer, der mutig in die Zukunft schaut. Durch diese Energie ziehen Sie immer wieder Menschen in Ihr Leben, die Ihnen neue wichtige Impulse geben können. Das sind Menschen, die oft in ihrem Geburtsdatum folgende Zahlen haben: 2, 4, 5 und 1.

**Geburtsplaneten »Jungfrau« und »Zwillinge«**

**Ihr Geburtsplanet ist der Merkur – 4.** Er macht Sie oft kritisch, aber auch sprühend vor Ideen. Sie sind analytisch, perfektionistisch und können Ihre Ideen gut in die Tat umsetzen.

Die Merkurfrequenz lässt Sie den Geheimnissen dieser Welt auf den Grund gehen. Der Merkur steht auch für die Kommunikation mit Ihren Mitmenschen. Daher kommt Ihre Fähigkeit, Menschen begleiten und beraten zu können. Dieser Planet wird gleichzeitig den Elementen Wasser, Luft und Erde zugeordnet. Durch diese Kraft ziehen Sie immer wieder Menschen in Ihr Leben, die Ihnen neue wichtige Impulse geben können. Das sind Menschen, die oft in ihrem Geburtsdatum folgende Zahlen haben: 0, 1, 2 und 3.

**Geburtsplanet »Schütze«**

**Ihr Geburtsplanet ist der Jupiter – 5.** Der Jupiter macht Sie nachdenklich und ist verantwortlich für Ihren Hang zum Philosophischen. Er sorgt auch für Ihre Abenteuerlust. Der Planet symbolisiert zudem Bildung und Veränderung. Seine Frequenzen bringen viel Bewegung in Ihr Dasein und neue Ideen. Sie begeistern sich für verschiedene Dinge in diesem Leben wie Esoterik, Kunst oder Kreativität, spüren vieles intuitiv und können schnell Entscheidungen treffen. Der Jupiter wird gleichzeitig den Elementen Metall, Feuer und Luft zugeordnet. Durch diese Planetenfrequenz ziehen Sie Menschen in Ihr Leben an, die Ihnen neue wichtige Impulse geben können. Das sind Menschen, die oft in ihrem Geburtsdatum folgende Zahlen haben: 1, 3, 7 und 2.

**Geburtsplaneten »Waage« und »Stier«**

**Ihr Geburtsplanet ist die Venus – 6.** Die Venus steht für Liebe, Diplomatie, Vermittlung, Geld, Sanftheit und das Herzchakra. Die Venus symbolisiert außerdem Kreativität und Weiblichkeit. Dem Planeten werden gleichzeitig die Elemente Erde und Luft zugeordnet. Der erhaltene Venusstrahl lässt Sie viel nachdenken und macht Sie sehr analytisch. Sie wissen meistens, was Sie wollen, und steuern Ihre Ziele direkt an. Doch sollten Sie ab und zu eine Pause einlegen, damit Ihr Kopf wieder frei wird. In diesem Leben sind Sie sich der verschiedenen Wahlmöglichkeiten bewusst, Sie werden jedoch durch Ihre Unentschlossenheit oft gebremst. Sie sollten daher Ihrer Intuition vertrauen und sich viel mehr auf Ihre Gefühle verlassen. Wenn sich in Ihrem Geburtsdatum mehr als eine 6 findet, haben Sie das Bedürfnis, etwas zu lösen. Diese Planetenfrequenz zieht Menschen in Ihr Leben, die oft in ihrem Geburtsdatum folgende Zahlen haben: 2, 3, 4 und 5.

**Geburtsplanet »Steinbock«**

**Ihr Geburtsplanet ist der Saturn – 7.** Der Saturn macht Sie autoritär und diszipliniert, aber auch vorsichtig. Sie sind traditionsbewusst und ein guter Arbeiter. Dabei spielt es keine Rolle, ob Sie selbstständig oder für jemand anderen tätig sind. Sie sind gütig und ein idealer Verkäufer, der seine Gefühle zu kontrollieren versucht. Die erhaltene Saturnfrequenz macht Sie sicher und beständig, kann Sie jedoch auch rechthaberisch machen. Behalten Sie Ihre Ansichten, lassen Sie aber andere Menschen auch ihre Meinung sagen. So bekommen Sie mehr Ansehen. Der Saturn gehört zu den karmischen Planeten und wird der Erde zugeordnet. Erwähnen möchte ich, dass die Saturn-Energien auf der Erde seit 2009 nachlassen. Seine Planetenfrequenz zieht Menschen in Ihr Leben, die oft in ihrem Geburtsdatum folgende Zahlen haben: 0, 5 und 6.

**Geburtsplanet »Wassermann«**

**Ihr Geburtsplanet ist der Uranus – 8.** Er macht Sie sehr human, originell und einzigartig, jedoch auch exzentrisch und revolutionär. Sie sind ein wahrer Entdecker dieser Welt. Sie forschen, haben viele Ideen und sind ein wahrer Freund. Der Uranus wird dem Element Luft zugeordnet. Seine Frequenz ist sehr mächtig. Sein Einfluss macht Sie rätselhaft. Niemand blickt in Ihr Inneres, Sie sind oft wie ein geschlossenes Buch. Doch können Sie durch diese Frequenz neue Ideen schnell verbreiten. Sie sind radikal und modern. Sie brauchen Ihre Freiheit und wollen recht behalten bei dem, was Sie tun. Sie versuchen oft, anderen Ihre ungewöhnlichen Ideen aufzuzwingen. Lassen Sie das lieber, denn das kann Sie unbeliebt machen. Durch die Frequenz des Uranus ziehen Sie Menschen in Ihr Leben an, die Ihnen neue wichtige Impulse geben können. Das sind Menschen, die oft in ihrem Geburtsdatum folgende Zahlen haben: 1, 2, 3 und 7.

**Geburtsplanet »Fische«**

**Ihr Geburtsplanet ist der Neptun – 9.** Er macht Sie lebendig, fantasievoll, sehr romantisch, mystisch und heilend in einem. Der Neptun wird dem Wasserelement zugeordnet. Sein Strahl sorgt dafür, dass Sie ein guter Begleiter und Berater Ihrer Mitmenschen sind und diese bewegen und lehren können. Der Planet Neptun macht Sie spirituell und lässt Sie vieles ahnen. Der Neptun besitzt 14 Monde. So besitzen auch Sie 14 verschiedene Lebensaufgaben, die Ihre Mitmenschen betreffen und die mit Liebe, Verständnis und Verzeihen, aber auch Selbstliebe zu tun haben. Durch diese Frequenz ziehen Sie immer wieder Menschen in Ihr Leben, die Ihnen neue wichtige Impulse geben können. Das sind Menschen, die oft in ihrem Geburtsdatum folgende Zahlen haben: 1, 3, 4 und 5.

**Geburtsplanet »Skorpion«**

**Ihr Geburtsplanet ist der Pluto – 0.** Der Pluto ist ein karmischer Planet, der den eigenen Lebensweg (oder besser gesagt den Lebensplan) symbolisiert. Er macht Sie magisch, anziehend, hypnotisch und zu einem Weltverbesserer, ist aber auch für Ihre Neigung, alles kontrollieren zu wollen, verantwortlich. Die Plutofrequenz zeigt Ihre karmischen Aufgaben. Denn auch wenn der Zwergplanet sehr weit von der Erde entfernt ist, sind seine Strahlen sehr stark. Sie wirken auf Ihr Charisma und prägen Ihr Leben außerordentlich. Der Pluto wird dem Wasserelement zugeordnet. Seine Planetenfrequenz zieht Menschen in Ihr Leben, die Ihnen neue wichtige Impulse geben können. Das sind Menschen, die oft in ihrem Geburtsdatum folgende Zahlen haben: 1, 3, 4 und 6.

## Nebenplaneten

Neben den Geburtsplaneten, die unser Sternzeichen regieren, wirken verschiedene Nebenplaneten auf uns. Sie sind den einzelnen Zahlen zugeordnet, die in unserem Geburtsdatum enthalten sind. Auch sie bringen Impulse mit. Jede Zahl in diesem Datum entspricht einem Planetenimpuls. Sehen Sie nach, welche Planeten aufgrund der Zahlen Ihres Geburtsdatums Einfluss auf Sie haben.

**1: SONNE**

Die Sonne ist der wichtigste Planet überhaupt. Freuen Sie sich, dass er in Ihrem Geburtsdatum enthalten ist. Die karmisch-energetische Periode der Sonne entspricht einem Jahr, sie verändert ihren Einfluss alle **11 Jahre.** Die Sonne symbolisiert Macht und Tatkraft, die sie auf Sie überträgt. Der Sonneneinfluss deutet auf die wesentlichen Handlungs- und Entwicklungsprozesse und die grundlegenden Erfahrungen im menschlichen Leben hin.

**Element:**
Feuer

**Positive Einflüsse:**
Die Sonne bringt Ihnen Stolz und Macht. Sie wirken durch den Sonneneinfluss vital, dominant und großzügig auf Ihre Umwelt. Die Sonne macht Sie außerdem ehrgeizig und feurig.

**Negative Einflüsse:**
Vermeiden Sie Hektik. Bleiben Sie am Boden, verlangen Sie nicht zu viel Bewunderung und Anerkennung, diese kommen von alleine. Achten Sie auf Ihr Geld und seien Sie nicht verschwenderisch. Die Sonne verlangt Ordnung. Lieben Sie sich selbst und andere Menschen, dann werden Sie nie erfahren, was Arroganz bedeutet.

### 2: MOND

Die karmisch-energetische Periode des Mondes dauert **19 Jahre.** Der Mond (oder die Luna) ist ein Gefühlsplanet. Da er die Erde umkreist, kommt es zum zyklischen Wechsel der Mondphasen. Mit seinem Pendeln um die Erdbahn beeinflusst er alles Lebende. Er symbolisiert das Traumhafte, die Fantasie und das Gemüt und sorgt für die rhythmische Entwicklung unseres Daseins. Sein Einfluss steuert das Unbewusste. Er stärkt Qualitäten wie Intuition und Gespür, prägt die Seele und gibt Geborgenheit.

**Element:**
Holz und Wasser

**Positive Einflüsse:**
Der Mond ist ein weiblicher Planet und rangiert nach der Sonne als der nächstbedeutende. Wer unter seinem Einfluss steht, hat eine enge Beziehung zur Mutter und verfügt über mütterliche Eigenschaften wie Liebe, Gespür und Vorahnung. Die Mondeigenschaften treten bei Frauen und bei Männern auf.

**Negative Einflüsse:**
Der Mond gilt als Hauptverursacher von Stimmungsschwankungen. Er ist auch das Gesicht, das Sie in der Öffentlichkeit zeigen, um Ihre wahren Gefühle zu verbergen. Starker Mondeinfluss kann Sie launisch machen oder auf traurige Gedanken bringen.

**3: MARS**
Der Mars hat eine karmisch-energetische Periode von **15 Jahren.** Er symbolisiert die Realisierung Ihrer Pläne. Sie können viele Ziele erreichen, wenn Sie aktiv werden. Der Mars sorgt für Sicherheit und gibt Ihnen die Kraft, Dinge durchzukämpfen. Er unterstützt Sie in Business und Beruf und verhilft Ihnen zu Erfolg. Schätzen Sie sich glücklich, diesen Einfluss genießen zu können. Durch ihn haben Sie so viel Aktivität und können sich so gut durchsetzen.

**Element:**
Feuer und Erde

**Positive Einflüsse:**

Der Mars steht für Durchsetzungskraft, Energie und Begeisterungsfähigkeit. Damit ist er verantwortlich für Ihre Willenskraft und Initiative, Ihren Schaffensdrang und Mut. Er macht Sie sexy, ehrgeizig, durchsetzungsstark, erfinderisch, impulsiv und freiheitsliebend.

**Negative Einflüsse:**

Der Mars kann aber auch Aggression oder gar Brutalität hervorrufen. Er ist für Ihre Ungeduld verantwortlich. Er kann Ellenbogen (Durchsetzung) und Galle sowie das Immunsystem beeinflussen, wenn Sie Dinge nicht anpacken, die Sie anpacken sollten. Hüten Sie sich vor Selbstüberschätzung, Rücksichtslosigkeit und Ungeduld.

**4: MERKUR**

Der Merkur ist ein Gefühlsplanet mit einer karmisch-energetischen Periode von **17 Jahren.** Der Planet steht für Kommunikation und Kommerz. Er vereint männliche und weibliche Prinzipien und herrscht über alle Formen der Kommunikation. Er steht für den Intellekt, Wendigkeit im Denken, kaufmännischen Verstand und Organisationsfähigkeit.

**Element:**

Luft, Wasser und Erde

**Positive Einflüsse:**

Durch Merkur sind Sie beweglich und lebhaft, ausgestattet mit der Gabe einer impulsiven Intuition, wie sie nicht jeder Mensch besitzt. Er schärft Ihren Verstand und ist für Ihren Intellekt verantwortlich. Merkur steht für Organisationstalent, schenkt Ihnen ein gutes Gedächtnis und macht Sie so zu einem ebenso guten Schüler wie Lehrer.

**Negative Einflüsse:**
Merkur macht aber auch unbeständig und ruhelos. So kann es oft vorkommen, dass Sie unter einem Gedankenkarussell leiden. Merkur kann auch für Ihre Launen verantwortlich sein und Sie zu Leichtsinn und Oberflächlichkeit verführen. Versuchen Sie daher, alle Situationen, die Sie erleben, zu analysieren. Handeln Sie erst danach.

**5: JUPITER**
Der Jupiter ist ein spiritueller Planet mit einer karmisch-energetischen Periode von **12 Jahren.** Er ist der größte Planet des Sonnensystems und mit seinen bisher bekannten 79 Monden selbst eine Art Planetensystem. Der Jupiter ist ein männlicher Planet, der Sie mutig macht und dafür sorgt, dass Sie Ihre Pläne realisieren können. Er symbolisiert Wachstum und Expansion.

**Element**
Feuer, Metall, Luft

**Positive Einflüsse**
Jupiter bringt immer Wachstum und Sinngebung. Er lässt Sie an etwas glauben, das Sie vorher übersehen haben. Außerdem macht sein Einfluss gerecht, sorgt für materiellen Reichtum und verleiht das neue Bewusstsein.

**Negative Einflüsse**
Jupiter kann jedoch auch arrogant machen. Er gilt schließlich auch als Ursprung von Fanatismus und Überheblichkeit. Ein-

gebildet sollte man jedoch nicht werden. Nehmen Sie lieber sich selbst und die Umwelt ernst und übertreiben Sie nicht.

**6: VENUS**

Die Venus ist der Liebesplanet schlechthin mit einer karmisch-energetischen Periode von **8 Jahren.** Die Venus regiert die weibliche und damit intuitive Seite unserer Psyche. Ihr sollten Sie vertrauen, wenn Sie etwas zu entscheiden haben. Anders gesagt, schalten Sie Ihren Kopf ab und Ihre weibliche Seite an! Die Venus lässt Sie sanft, liebevoll, diplomatisch, künstlerisch, kreativ und empfindsam sein.

**Element:**

Erde, Luft

**Positive Einflüsse:**

Der Einfluss der Venus bringt Liebe, Erotik, Freundschaft, künstlerische Kreativität und Lebensgenuss in Ihr Leben.

**Negative Einflüsse:**

Die Venus kann jedoch auch eitel machen, egoistisch und verschwenderisch. Am Einfluss der Venus können auch Ihre Bequemlichkeit, Faulheit und Triebhaftigkeit liegen. Achten Sie immer auf Ihre Seele und fragen Sie, was sie möchte. Spielen Sie nicht Mutter Teresa, sondern arbeiten Sie an einem gesunden Ego.

**7: SATURN**

Der Saturn ist ein karmischer Planet mit einer karmisch-energetischen Periode von **29 Jahren.** Er ist männlich und versorgt Sie mit Kraft aus Ihren Vorleben. Dieser Planet kann

Sie auf die Probe stellen, er schützt Sie aber auch vor falschen Entscheidungen. Er klärt über Ursachen und ihre Konsequenzen auf.

**Element:**
Erde

**Positive Einflüsse:**
Der Saturn lässt Sie reifen, strukturiert und stabilisiert Ihr Leben, indem er Ihnen Pflichten auferlegt. Er steht für Geld und prüft Sie ständig: »Wie ist meine Einstellung zum Geld? Ist sie richtig?« Lassen Sie Vorsicht und Geduld walten, achten Sie auf Sparsamkeit, ohne geizig zu sein, dann werden Sie abgesichert und wohlhabend sein.

**Negative Einflüsse:**
Der Saturneinfluss macht Sie zu einem kontrollierten, bisweilen sogar starren Menschen. Er kann für Ihren schwarzen Humor verantwortlich sein und Sie manchmal kalt wirken lassen. Sie fühlen sich oft auf sich allein gestellt und hadern immer wieder mit Situationen, in die Sie geraten.

**8: URANUS**

Der Uranus ist ein langsamer, aber sehr starker Planet. Er hat eine karmisch-energetische Periode von **84 Jahren** und ist ein Planet der Freiheit. Der Uranus ist ein karmischer Planet, der für Revolution und gegen den Status quo steht. Seine Radikalität macht Sie zum Individualisten, Sie können zum Symbol für Fortschritt werden. Der Einfluss des Uranus macht Sie unabhängig und anders als die anderen. Er verursacht aber auch Chaos und hat die Aufgabe, alles aufzuschrecken, damit das

Leben einen Sinn erhält. Der Uranus ist zudem der Planet der persönlichen Erneuerung.

**Element:**
Luft

**Positive Einflüsse:**
Der Uranus steht für alles Plötzliche im Leben. Er ist der Planet der Erneuerung. Er sorgt für Bewegung und weist auf Bereiche hin, wo es Ihnen langweilig wird. Er ist für unerwartete Lebenswenden verantwortlich und stellt oft alles auf den Kopf.

**Negative Einflüsse:**
Der Uranus kann Sie jedoch auch anfällig machen für negative Eigenschaften wie Rücksichts- und Verantwortungslosigkeit, Rastlosigkeit, Rebellion gegenüber anderen Menschen oder auch Exzentrik.

## 9: NEPTUN

Der Neptun ist ein mystischer Planet mit einer karmisch-energetischen Periode von **13 Jahren.** Dieser Planet verantwortet die Wandlungsprozesse in Ihrem Leben. Er hinterfragt alle Gewissheiten, auf die Sie sich stützen.

**Element:**
Wasser

**Positive Einflüsse:**
Der Neptun enthemmt Sie in Ihrem Alltag und lässt Sie Grenzen sprengen. Er aktiviert das Unbewusste und führt Sie zum

Glauben. Sein Einfluss stärkt Ihre Opferbereitschaft sowie Ihre allumfassende, bedingungslose Liebesfähigkeit. Durch diese Frequenz sind Sie in der Lage, Menschen zu faszinieren und neue Kontakte zu knüpfen.

**Negative Einflüsse:**
Der Neptun kann Sie jedoch auch anfällig für Täuschung oder Selbsttäuschung machen. Achten Sie darauf, die Orientierung nicht zu verlieren. Der Neptun kann Verwirrung stiften und Sie unpraktisch und chaotisch im Alltagsleben machen. Bevor Sie leiden, sollten Sie sich selbst analysieren. Der Neptun-Einfluss kann gefährlich werden, da er auch Süchte hervorruft, wie die Abhängigkeit von Alkohol und dergleichen.

**0: PLUTO**
Der Pluto hat eine karmisch-energetische Periode von **32 Jahren**. Er ist ein karmischer Planet und allen voran ein Planet der Erneuerung. Er regiert das Unbewusste und kann Sie zu den tieferen Ebenen Ihrer Seele führen. Das erklärt Ihr Interesse an okkulten Wissenschaften.

**Element:**
Wasser

**Positive Einflüsse:**
Der Pluto bringt Wandel und Transformation in Ihr Leben. Er symbolisiert Regenerationskraft und Wiedergeburt. Sein Einfluss verändert Ihre Einsichten, und Ihre Seele erreicht eine neue Ebene. Wenn Sie zusätzlich zum Pluto- auch einen Sonnenimpuls (1) erhalten haben, sind Sie in der Lage, mit

der geistigen Welt zu kommunizieren, und besitzen die Fähigkeit zu channeln.

**Negative Einflüsse:**
Pluto kann auch negative Eigenschaften und Ereignisse in Ihr Leben bringen, wie Zwanghaftigkeit, Fanatismus oder Destruktivität. Hüten Sie sich davor, dass der Einfluss von Pluto zu einer Besessenheit führt.

Zur Abrundung dieses Kapitels möchte ich noch kurz auf einen Aspekt unseres Menschseins eingehen, der ebenfalls kosmisch bedingt ist: Wir können durch andere Menschen manipuliert werden. Manipulationen geschehen jedoch nur durch gewisse Impulse, also Zahlen, die in unserem Geburtsdatum vorhanden sind. Die verantwortlichen Karmaplaneten sind:

- Uranus (Manipulation durch die Familie)
- Pluto (Manipulation durch das eigene Karma, alte Schulden)
- Saturn (Manipulation durch Geld und Dogmen)
- Mars (Manipulation durch Druck von außen, Gewalt und alte Muster) – Körper
- Neptun (Manipulation durch Mobbing und Unterdrückung, das Beziehungskarma) – Seele
- evtl. auch Jupiter (Gehirnwäsche, Sekten) – Geist

# Trigone

Geburtstrigone sind zusammenhängende Planeten-Frequenzen, die wir zusätzlich zu unseren Lebensthemen mit unserer Geburt erhalten haben können. Doch nicht jeder Mensch hat ein Trigon, d.h., es muss sich nicht zwangsläufig ein Trigon aus Ihrem Geburtsdatum ergeben! Jede einzelne Zahl (jeder Planet) Ihres Geburtsdatums steht schließlich bereits für sich für ein besonderes Thema. Trigone sind Themen, die zusätzlich hinzukommen können, sozusagen als Extrathemen. Es sind Strahlen, die unsere Ziele beleuchten und sichtbar ma-

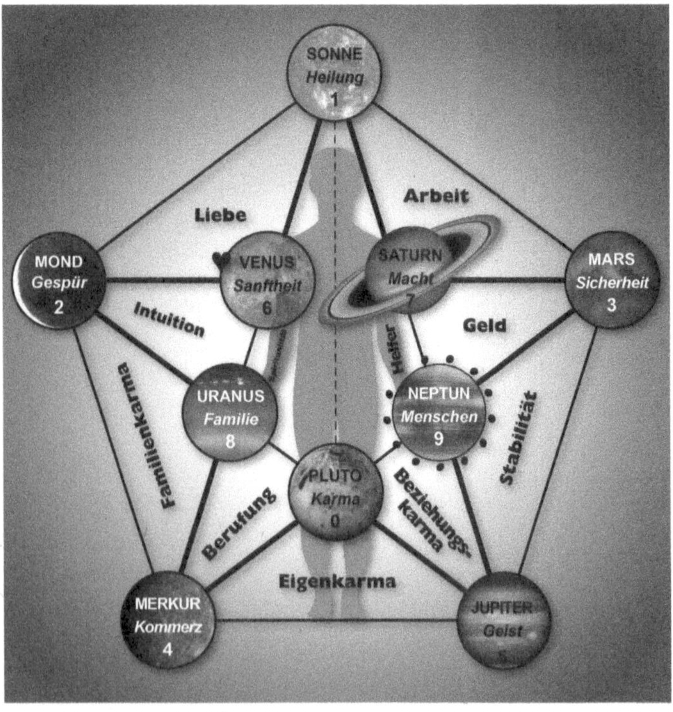

chen. Wir können sie an den Zahlen unseres Geburtsdatums ablesen, lassen dabei allerdings die Zahlen für das Jahrhundert unberücksichtigt. Ablesen können Sie Trigone als die Dreiecke in der folgenden Grafik. Es sind jeweils drei zusammenhängende Impulse aus den Zahlen Ihres Geburtsdatums. Die beiden Riesentrigone umfassen sogar vier zusammenhängende Impulse.

Sehen Sie sich die Grafik noch einmal an, anschließend erläutere ich Ihnen am Beispiel meines Geburtsdatums, wie Sie Geburtstrigone finden.

**Beispiel:**
Ich bin am 10.8.(19)73 geboren. Also habe ich folgende Impulse mitgebracht:
1 Sonne
0 Pluto (es zählen nur Nullen, die nach einer Zahl stehen)
8 Uranus
7 Saturn
3 Mars

Wenn wir nun die Zahlen in der Grafik betrachten, sehen wir, dass sich nur die Zahlen 1, 7 und 3 zum Dreieck eines Trigons verbinden lassen und sich bei mir ein Arbeitstrigon ergibt. Gehen Sie mit Ihrem Geburtsdatum entsprechend vor. Prüfen Sie, ob Sie ein Zusatzthema durch ein Trigon erhalten haben und welche Zahlen bei Ihnen ein Trigon ergeben. Vielleicht haben Sie aber auch gar keines und müssen in diesem Leben kein zusätzliches Thema bearbeiten.

*Trigon 1 – Das Liebestrigon (Großes Trigon)*
**Planeten:** Sonne (1) – Mond (2) – Venus (6)

**Ihr Thema ist:** Packen Sie an und gehen Sie das Thema Liebe bzw. Selbstliebe endlich an. Es geht darum, zu lieben und sich lieben zu lassen. Diese Konstellation hat mit der Suche nach Liebe im Allgemeinen zu tun. Dabei geht es nicht nur um die Partnerliebe, sondern um die universelle Liebe. Dazu gehören neben der Liebe zu sich selbst auch die zu Mutter Natur und die allumfassende Liebe zur Welt und zum Universum. Menschen, die ein Liebestrigon haben, müssen die Liebe finden und wahrnehmen, so wie sie ist. Dies bedeutet die Analyse des eigenen Lebens und der eigenen Gefühle, gepaart mit den Erkenntnissen der heilenden Energie des Universums. Nur wer das verstanden hat, gelangt an die Liebesquelle und erkennt seine eigene Schönheit bzw. die Schönheit seiner Seele. Das Trigon liegt auf der linken Seite der Grafik und symbolisiert die rechte Seite Ihres Körpers (männliche Seite). Das bedeutet, dass Sie ständig handeln müssen und Ihre männliche Seite ausleben sollten.

**Hier sollten Sie aufpassen:** Hüten Sie sich davor, sich in den Falschen bzw. in die Falsche zu verlieben. Sollten Sie nicht glücklich sein, fragen Sie sich: »Will ich recht haben, Liebe geben oder geliebt werden?«

**Hier können Sie Impulse nach außen geben:** Sie können zahlreiche Menschen in Ihrem Leben beglücken. Geben Sie diesen Menschen Ihre Liebe, Ihr Lob und Ihre Anerkennung.

**Hier brauchen Sie Impulse von außen:** Sie brauchen Menschen um sich, die wissen, was ein gesundes Ego ist. Lernen Sie von diesen Personen, an sich selbst zu glauben. Sie sind der wichtigste Mensch in Ihrem Leben und Ihre eigene Bezugsperson! Aber Sie brauchen Ihre Familie und materielle Unterstützung. Menschen, welche die Zahlen 2, 4, 8 in ihrem Geburtsdatum (Tag, Monat oder Jahr) haben, geben Ihnen diese Impulse.

**Hier sind Sie manipulierbar:** Menschen, die Ihnen schmeicheln, können Sie manipulieren. Versuchen Sie zu lernen, dass echte ehrliche Liebe keine Opfer verlangt. Es kann vorkommen, dass einige Familienmitglieder Sie ausnutzen oder jemand Sie mit Geld manipulieren kann. Bleiben Sie sich treu! Sie treffen verschiedene Personen auf Ihrem Lebensweg, die eine offene Rechnung aus dem Vorleben mit Ihnen haben. Sie können Ängste verbreiten oder Sie verunsichern. Handeln Sie aus Ihrem Herzen heraus. Es gibt keine Feinde in diesem Leben – es gibt Lehrer.

*Trigon 2 – Das Intuitionstrigon (Kleines Trigon)*
**Planeten:** Mond (2) – Venus (6) – Uranus (8)

**Ihr Thema ist:** Sie wollen alles im Leben selbst anpacken und Ihre eigene Intuition wahrnehmen. Sie besitzen eine intuitive Gabe, die viele fasziniert. Diese Konstellation versetzt Sie in die Lage, Erfolge zu erzielen. Sie müssen nun einiges auf die Beine stellen. Verlassen Sie sich dabei nur auf Ihre innere Stimme. Das Trigon verbindet die Einflüsse der drei intuitiven Planeten Mond, Venus und Uranus. Sie besitzen also dreifache Intuition! Kaum jemand kann behaupten, dass er so intuitiv ist wie Sie. Ihr Leben verläuft nach dem Prinzip »wer kann, der kann«. Da Sie so gut fühlen und ahnen, können Sie zum Sieg kommen. Sie sind ein Aufklärer, der sich selbst und andere zum Ziel bringen kann. Das Trigon liegt auf der linken Seite der Grafik und symbolisiert die rechte Seite Ihres Körpers (männliche Seite). Deshalb müssen Sie in diesem Thema handeln und sollten Ihre männliche Seite ausleben.

**Hier sollten Sie aufpassen:** Immer, wenn es um Energie, Geld und Karma geht.

**Hier können Sie Impulse nach außen geben:** Als Familienmensch können Sie Familiensinn vermitteln, beraten und anderen Menschen das Licht am Ende des Tunnels zeigen.

**Hier brauchen Sie Impulse von außen:** Sie könnten Personen für Ihre Projekte brauchen, die Geld und mehr Härte als Sie besitzen. Passen Sie jedoch auf, dass Sie mit diesen Menschen auf der gleichen Stufe bleiben, ordnen Sie sich nicht unter. Sie können gut präsentieren, auch Ideen von anderen. Menschen, welche die Zahlen 1 und 4 in ihrem Geburtsdatum (Tag, Monat oder Jahr) haben, geben Ihnen diese Impulse.

**Hier sind Sie manipulierbar:** Menschen, die geistig arbeiten, bringen viele Ideen in Ihr Leben. Allerdings ist nicht jede Idee Gold wert. Verlassen Sie sich auf Ihre Intuition. Was für einen anderen gut ist, muss nicht gut für Sie sein. Handeln Sie also intuitiv.

### *Trigon 3 – Das Familien- oder Familienkarmatrigon (Großes Trigon)*

**Planeten:** Mond (2) – Merkur (4) – Uranus (8)

**Ihr Thema ist:** Sie müssen lernen, Ihr Familienleben mit Ihrem Beruf und Ihren intuitiven Gaben zu verbinden. Sie sind in eine Familie geboren, die einen dominanten Einfluss auf Sie hat. Dieser begleitet Sie lebenslang. Machen Sie sich frei und denken Sie mit Ihrem eigenen Herzen! Diese Planetenkonstellation versetzt Sie in die Lage zu handeln, und ermöglicht Ihnen den Zugang zu Ihrem Familiensinn. Das Familienkarma spielt dabei eine große Rolle. Das Trigon verbindet die Planeteneinflüsse von Mond (intuitiv), Merkur (emotional) und Uranus (intuitiv). Somit haben Sie eine ausgeprägte Intuition und genügend Gefühl, um handlungsfähig zu sein. Sie sind ein liebenswerter Mensch, jedoch oft verschlossen und in sich gekehrt. Sie können Ihr Geld selbst verdienen und brauchen niemandes Hilfe. Ihr Familiensinn und Ihre Familienzugehörigkeit verpflichten Sie zu nichts. Lieben Sie Ihre Mitmenschen, so werden sie Sie auch lieben. Ihr sozialer Sinn ermöglicht sogar noch mehr Liebe! Fühlen Sie die Menschen, und Sie werden geliebt. Das Trigon liegt auf der linken Seite der Grafik und symbolisiert die rechte Seite Ihres Körpers (männliche Seite). Das bedeutet, dass Sie in diesem Thema handeln müssen und Ihre männliche Seite ausleben sollten. Es wird Ihnen leider in diesem Leben nicht viel geschenkt, alles muss von Ihnen selbst erschaffen werden.

**Hier sollten Sie aufpassen:** Geben Sie weniger Geld aus und lassen Sie sich nicht lenken – insbesondere nicht von Familienmitgliedern.

**Hier können Sie Impulse nach außen geben:** Sie haben genug Sinn für Finanzen und können gutes Geld verdienen. Ihre Businessideen faszinieren die Menschen.

**Hier brauchen Sie Impulse von außen:** Spirituelle Menschen tun Ihnen gut. Durch sie lernen Sie, an sich selbst zu glauben, und finden einige bis dahin nicht bewusste Lebensziele. Menschen, welche die Zahlen 0 und 5 in ihrem Geburtsdatum (Tag, Monat oder Jahr) haben, geben Ihnen diese Impulse.

**Hier sind Sie manipulierbar:** Passen Sie auf Menschen auf, die religiösen oder geistigen Richtungen folgen. Sollten Ihnen diese Richtungen nicht zusagen, halten Sie sich fern von diesen Personen. Auch in Liebesdingen und Beziehungen könnten Sie manipuliert werden.

*Trigon 4 – Das Berufungstrigon (Kleines Trigon)*
**Planeten:** Pluto (0) – Merkur (4) – Uranus (8)

**Ihr Thema ist:** Sie sollten versuchen, durch eigene Entscheidungen Erfolge im Leben anzuziehen und sich von der Beeinflussung durch das Familienkarma zu lösen. Diese Konstellation versetzt Sie in die Lage, zu wählen und zu handeln. Beruflich werden Sie vor eine Wahl gestellt und müssen aus dem Herzen heraus handeln. Ihre Berufung ist nicht immer Ihr Beruf, das sind oft verschiedene Begriffe für verschiedene Dinge. Das Trigon verbindet die Planeteneinflüsse von Pluto (emotional), Merkur (emotional) und Uranus (intuitiv). Somit haben Sie eine gute Intuition und viele Gefühle bereits bei Ihrer Geburt erhalten. Sie sollten in Ihrem Leben nach diesen tiefliegenden Erfahrungen handeln. Gefühle aus dem Vorleben können Sie jedoch oft irritieren. Ihr Motto ist: »Arbeite mit Spaß und Leichtigkeit. Mach dein Hobby zum Beruf.« Das Trigon liegt auf der linken Seite der Grafik und symbolisiert die rechte Seite Ihres Körpers (männliche Seite). Das bedeutet, dass Sie in diesem Thema handeln müssen und Ihre männliche Seite ausleben sollten. Alles Berufliche muss von Ihnen persönlich erschaffen werden.

**Hier sollten Sie aufpassen:** Oft zerren Liebesbeziehungen oder Familienmitglieder an Ihnen.

**Hier können Sie Impulse nach außen geben:** Sie verkörpern viele karmische Weisheiten. Sie verstehen die Welt, wissen zwar nicht immer, warum sie so funktioniert, aber dass sie genau so funktioniert, wie Sie sie sehen – das ist eine Tatsache.

**Hier brauchen Sie Impulse von außen:** Sie brauchen jemanden, der Ihnen Mut gibt und liebevoll mit Ihnen umgeht. Menschen, welche die Zahlen 2, 5 und 6 in ihrem Geburtsdatum (Tag, Monat oder Jahr) haben, geben Ihnen diese Impulse.

**Hier sind Sie manipulierbar:** Sie sind oft blauäugig und zu gutmütig. In der Liebe sind Sie auch oft manipulierbar.

*Trigon 5 – Das Trigon des eigenen Karmas oder Eigenkarmatrigon (Großes Trigon)*
**Planeten:** Pluto (0) – Merkur (4) – Jupiter (5)

**Ihr Thema ist:** Vieles ist karmisch bedingt. Sie werden geführt und sollten Vertrauen nach oben finden. Durch diese

Verbindung sind Sie in der Lage, in Ihrem Leben einiges zu verändern. Die karmische Sicherheit, die Ihnen gegeben ist, bringt Sie zu Ihren Zielen. Das Trigon verbindet die Planeteneinflüsse von Pluto (emotional), Merkur (emotional) und Jupiter (emotional). Es geht also drei Mal um Gefühle. Achten Sie deswegen auf Ihre Seele. Diese Konstellation ermöglicht Ihnen den Zugang zu Ihrer oft verletzten Seele und zu den Problemlösungen. Das Trigon liegt in der Mitte der Grafik und symbolisiert den ganzen Körper (männliche und weibliche Seiten). Das bedeutet, dass Sie in diesem Thema handeln müssen und Ihre männliche Seite ausleben, aber auch Hilfe von außen annehmen sollten.

**Hier sollten Sie aufpassen:** Einige Menschen können Macht auf Sie ausüben.

**Hier können Sie Impulse nach außen geben:** Sie haben eine echte karmische Intuition, die mit nichts zu vergleichen ist. Ihnen ist das spirituelle Denken gegeben, Sie haben kommerzielle Ideen und sind tierlieb. Ihre Mitmenschen können einiges von Ihnen lernen.

**Hier brauchen Sie Impulse von außen:** Sie brauchen Mitmenschen, die Energie besitzen und Sie aus Ihrem karmischen Verhalten herausziehen. Menschen, welche die Zahlen 9, 8, 0 in ihrem Geburtsdatum (Tag, Monat oder Jahr) haben, geben Ihnen diese Impulse.

**Hier sind Sie manipulierbar:** Sie können durch Ihre Familie, schlaue Menschen und Leute, die Sie beneiden, manipuliert werden.

### *Trigon 6 – Das Trigon des Beziehungskarmas oder Ahnenwissens (Kleines Trigon)*

**Planeten:** Pluto (0) – Jupiter (4) – Neptun (9)

**Ihr Thema ist:** Sie müssen lernen, mit Menschen umzugehen und Ihr Gesicht zu wahren. Durch diese Verbindung sind Sie in der Lage, einiges von außen zu empfangen. Verschiedenes wird Ihnen quasi in die Hände gelegt, Sie müssen nur in der Lage sein anzunehmen. Es geht um Geben und Nehmen, aber auch um die Bereitschaft zu empfangen. Anders gesagt, Sie müssen lernen, die Geschenke des Lebens anzunehmen. Das Trigon verbindet die Planeteneinflüsse von Pluto (emotional), Jupiter (emotional) und Neptun (intuitiv). Diese Konstellation ist nicht sehr häufig. Sie ermöglicht Ihnen den Zugang zu den Seelen Ihres Partners und Ihrer Mitmenschen. Sie sind intelligent und klug und spüren viele Dinge, bevor sie eintreffen. Das Trigon liegt auf der rechten Seite der Grafik und symbolisiert die linke Seite Ihres Körpers (weibliche Seite). Das bedeutet, dass Sie beim Thema Beziehungen nicht immer handeln müssen, sondern dem Partner die Chance der Führung geben.

**Hier sollten Sie aufpassen:** Sie erleben die karmische Spiritualität, die Ihnen durch Ihre Ahnen gegeben ist, sehr intensiv. Lassen Sie sich davon nicht überwältigen, überlegen Sie lieber, eine eigene Richtung zu erschaffen. Sie können es! Ihre Lernaufgaben sind das Verstehen der Welt, der Zusammenhänge, und dass jeder Mensch mit anderen verbunden ist.

**Hier können Sie Impulse nach außen geben:** Sie sind spirituell veranlagt und verstehen aus eigener Erfahrung, wie das Karma funktioniert.

**Hier brauchen Sie Impulse von außen:** Sie können nicht alles alleine schaffen, also nehmen Sie angebotene Hilfe an. Menschen, welche die Zahlen 3, 4, 7 in ihrem Geburtsdatum (Tag, Monat oder Jahr) haben, geben Ihnen diese Impulse.

**Hier sind Sie manipulierbar:** Versuchen Sie, sich von Menschen, die Macht oder Druck auf Sie ausüben, abzugrenzen. Auch geldgierige Menschen können Sie beeinflussen und in ihren Bann ziehen.

*Trigon 7 – Das Sicherheits- oder Stabilitätstrigon (Großes Trigon)*
**Planeten:** Mars (3) – Jupiter (4) – Neptun (9)

**Ihr Thema ist:** Heben Sie den Schatz, der in den Herzen der Menschen liegt, und erlangen Sie dadurch Sicherheit. Durch Zulassen kommen Sie in Ihrem Leben weiter. Diese Konstellation versetzt Sie in die Lage, Ihr Leben umzustellen. Sie können finanzielle Absicherung erlangen und andere Menschen mit absichern. Sie haben Zugang zum Thema Sicherheit und strengen sich an, um diese zu erlangen. Manchmal gehen Sie sprichwörtlich über Leichen, um Ihr Sicherheitsbedürfnis zu befriedigen. Das Trigon verbindet die Planeteneinflüsse von Mars (intuitiv), Jupiter (emotional) und Neptun (intuitiv). Doppelte Intuition und Gespür dazu, was will man mehr? Karmisch bedingte Probleme lösen, Kampfgeist entwickeln und siegen – das sind Ihre Ziele. Ihr Motto ist: »Sicher ist sicher.« Nur, was ist schon sicher in dieser Welt? Sie müssen lernen, dass es um die Sicherheit im Herzen geht und nicht um finanzielle, materielle oder welche Güter auch immer. Das Trigon liegt auf der rechten Seite der Grafik und symbolisiert die linke Seite Ihres Körpers (weibliche Seite). Das bedeutet, dass Sie Ihre weibliche Seite ausleben sollten. Diese Verbindung ermöglicht Ihnen den Zugang zu Ihrer Intuition. Sie wissen, was Sie wollen, und sind bereit, das Gewünschte zu erwerben. Das sind Güter, Wissen und Gefühle.

**Hier sollten Sie aufpassen:** Das Thema Geld ist wichtig.

**Hier können Sie Impulse nach außen geben:** Sie besitzen eine perfekte Gabe zu sehen und zu fühlen, sind gefühlsbetont und können anderen Menschen immer einen Rat geben.

**Hier brauchen Sie Impulse von außen:** Menschen, die Energie besitzen, können Ihnen helfen, Ihre Projekte in die Tat umzusetzen. Menschen, welche die Zahlen 0, 4, 7 in ihrem Geburtsdatum (Tag, Monat oder Jahr) haben, geben Ihnen diese Impulse.

**Hier sind Sie manipulierbar:** Sie müssen aufpassen, wenn jemand, der mehr Energie als Sie hat, Sie umzustimmen versucht. In Ihrem Leben können ebenso Manipulationen aus der Familie, besonders wenn es um Geschäfte geht, vorkommen.

*Trigon 8 – Das Geldtrigon (Kleines Trigon)*
**Planeten:** Mars (3) – Saturn (7) – Neptun (9)

**Ihr Thema ist:** Sie müssen lernen, mit Geld umzugehen, finanzielle Absicherung zu erlangen und sich etwas geben zu lassen. Durch diese Konstellation sind Sie in der Lage, Neues zu erschaffen. Geld ist Energie, und sie muss fließen. So lernen Sie, nicht nur Geld zu verdienen, sondern auch, das Geld auszugeben und mit dem Geld zu arbeiten. Das Trigon verbindet die Planeteneinflüsse von Mars (intuitiv), Saturn (intellektuell), Neptun (intuitiv). Sie besitzen eine starke Intuition, Ihr Kopf will aber auch mitdenken. Oft kommen Sie zu der Erkenntnis, dass man nicht immer denken muss, wenn man spüren kann. Es ist gut zu denken, besser ist es jedoch zu fühlen. Ihr Motto ist: »Geld kann glücklich machen, wenn man die richtige Einstellung dazu hat.« Sie können sich hart ins Zeug legen, viel arbeiten und haben Tausende Ideen im Kopf. Das Trigon liegt auf der rechten Seite der Grafik und symbolisiert die linke Seite Ihres Körpers (weibliche Seite). Das bedeutet, dass Sie in diesem Leben lernen müssen, Ihnen angebotene Hilfe anzunehmen und zu teilen. Teilen bedeutet zu nehmen und zu geben, nur so funktioniert der korrekte Energieaustausch. Sie sollen lernen, Ihre weibliche Seite auszuleben. Diese Verbindung ermöglicht Ihnen den Zugang zu verschiedenen Gütern. Was ist jedoch mit der Seele? Den Zugang zu ihr müssen Sie selbst finden.

**Hier sollten Sie aufpassen:** Sie werden oft mit Energien konfrontiert, die Sie nicht kennen oder nicht verstehen. Dazu gehören Situationen, bei denen Sie ausgenutzt werden können. Lernen Sie, nicht zu verbittern und zu verzeihen.

**Hier können Sie Impulse nach außen geben:** Sie können Menschen unterstützen und dadurch selbst profitieren. Ihr Sinn fürs Geld kann vielen Mitmenschen helfen, aus ihrem Groll herauszukommen.

**Hier brauchen Sie Impulse von außen:** Sie brauchen Ihre Mitmenschen, um nach vorne zu kommen. Menschen, welche die Zahlen 1, 5, 6 in ihrem Geburtsdatum (Tag, Monat oder Jahr) haben, geben Ihnen diese Impulse.

**Hier sind Sie manipulierbar:** Sie werden verschiedene karmische Situationen erleben. Karma heißt lernen, also lernen Sie daraus. Es gibt Seelen, die eine offene Rechnung mit Ihnen haben, die Sie begleichen müssen. Manipulierbar sind Sie vor allem in Liebesbeziehungen. Seien Sie nicht blauäugig.

*Trigon 9 – Das Arbeitstrigon (Großes Trigon)*
**Planeten:** Sonne (1) – Mars (3) – Saturn (7)

**Ihr Thema ist:** Arbeiten, lernen, lehren. Sie sind ein sehr arbeitswilliger, selbstständiger Mensch. Sie haben Tausende Ideen, die Sie durch Ihre eigene Energie umsetzen können. Durch diese Konstellation sind Sie in der Lage, Ihr Leben neu auszurichten. Nur wer arbeitet, kann glücklich sein. Das Trigon verbindet die Planeteneinflüsse von Sonne (intellektuell), Mars (intuitiv) und Saturn (intellektuell). Sie sind ein Denker, der bis ins Detail plant, bevor er etwas tut. Saturn und Mars sind karmische Planeten, die alte Energien aus Ihren Vorleben mitbringen. Ihr Motto ist: »Geben und Annehmen.« Geben können Sie ohne Weiteres. Immer und überall werden Sie das letzte Hemd geben. Mit dem Annehmen ist es schwieriger. Sie haben eben Prinzipien. Lernen Sie, die Geschenke anzunehmen, die von Herzen kommen. Sie gelten oft als weise und unnahbar, sind jedoch ein sehr offener Mensch, der auf seine Seele achtet. Das Trigon liegt auf der rechten Seite der Grafik und symbolisiert die linke Seite Ihres

Körpers (weibliche Seite). Das bedeutet, dass Sie in diesem Leben nicht nur handeln, sondern auch immer wieder passiv bleiben müssen. Sie sollen also Ihre weibliche Seite ausleben.

**Hier sollten Sie aufpassen:** In Ihrem Leben kommen immer wieder Menschen vor, die Ihnen etwas vormachen wollen. Diese Menschen können Sie kritisieren oder ausnehmen.

**Hier können Sie Impulse nach außen geben:** Ihre vielen Ideen faszinieren die Menschen. Mit Ihrer offenen Art ziehen Sie Menschen an. Sie werden merken, dass Menschen Ihre Hilfe immer wieder in Anspruch nehmen.

**Hier brauchen Sie Impulse von außen:** Sie haben viele Ideen, können jedoch auch Ideen von anderen Menschen gebrauchen, um Ihre eigene Ideen abzurunden. Menschen, welche die Zahlen 5, 6, 9 in ihrem Geburtsdatum (Tag, Monat oder Jahr) haben, geben Ihnen diese Impulse.

**Hier sind Sie manipulierbar:** Menschen, die eine falsche Einstellung zum Geld haben oder sich schnell abheben, tun Ihnen nicht gut. Verlassen Sie sich auf Ihre Intuition, denken Sie spirituell, so bleibt Ihnen manches erspart. Auch in der Liebe zu den Mitmenschen sind Sie manipulierbar. Glauben Sie nicht jedem!

*Trigon 10 – Das Helfertrigon (Riesentrigon)*
**Planeten:** Pluto (0) – Sonne (1) – Saturn (7) – Neptun (9)

**Ihr Thema ist:** Immer helfen Sie anderen Menschen. Sie müssen jedoch lernen, auch etwas anzunehmen. Wie Mutter Teresa sein zu wollen ist nicht immer gut. Das Trigon verbindet die Planeteneinflüsse von Pluto (emotional), Sonne (intellektuell), Saturn (intellektuell) und Neptun (intuitiv). So haben Sie alles, was Sie im Leben brauchen, zur Verfügung gestellt bekommen. Ihr Leben verläuft nach dem Prinzip »Ich bin für alle immer und überall erreichbar«. Ihr Thema ist jedoch zu lernen, sich nicht zu opfern, sondern Grenzen zu ziehen. Lernen Sie, »Nein« zu sagen, werden Sie glücklich. Sie sind ein sehr offener Mensch. Durch diese Konstellation sind Sie in der Lage, in Ihrem Leben zu handeln und Menschen zu führen. Das Trigon liegt mittig im Pentagramm und symbolisiert das Herzchakra. Diese Verbindung ermöglicht Ihnen den Zugang zu den Herzen der Menschen. Sie faszinieren Ihre Umgebung durch Ihren Charme, Ihre Stabilität und Hilfsbereitschaft.

**Hier sollten Sie aufpassen:** Da Sie zu gutmütig sind, müssen Sie aufpassen, dass Sie niemand ausnutzt. Auch beim Thema Liebe kann das passieren, wenn Sie sich alles gefallen lassen.

**Hier können Sie Impulse nach außen geben:** Sie sind sehr verständnisvoll und besitzen viel Energie und können dadurch anderen Menschen Sicherheit geben. Ihre Menschlichkeit fasziniert die Menschen sehr.

**Hier brauchen Sie Impulse von außen:** Sie brauchen mehr Stärke, um »Nein« zu sagen. Menschen, welche die Zahlen 2, 3, 4 in ihrem Geburtsdatum (Tag, Monat oder Jahr) haben, geben Ihnen diese Impulse.

**Hier sind Sie manipulierbar:** Passen Sie auf bei Menschen, die Sie lieben. Auch Menschen, die übermäßig sicherheitsbezogen oder maßlos sind oder die nicht loslassen können, passen nicht zu Ihrer Frequenz.

*Trigon 11 – Das Spiritualitäts- oder Mutter-Teresa-Trigon (Riesentrigon)*
**Planeten:** Sonne (1) – Pluto (0) – Uranus (8) – Venus (6)

**Ihr Thema ist:** Vieles ist karmisch bedingt. Sie können viele karmische Verwicklungen erkennen und diese heilen. Lernen Sie, aus der Situation das Beste zu machen. Sie haben genug Energie und Liebe in sich, um sich selbst und die Menschen in Ihrer Umgebung glücklich zu machen. Das Trigon verbindet die Planeteneinflüsse von Sonne (intellektuell), Pluto (emotional), Uranus (intuitiv) und Venus (intellektuell). Durch viel Denken und Fühlen, gepaart mit Intuition, können Sie fast alles, was Sie im Leben planen, erreichen. Ihr Motto ist: »Alle verdienen Glück und müssen es erreichen.« Sie sind bereit, den Menschen zu helfen. Durch Ihre Energie können Sie Menschenmassen bewegen. Pluto und Uranus sind karmische Planeten, die Ihnen weitere Energie verleihen. Durch diese Frequenzen werden Sie zwar immer wieder aus der Bahn geworfen, lernen jedoch mit verschiedenen Situationen umzugehen. Das Trigon liegt mittig im Pentagramm und symbolisiert den Solarplexus. Das bedeutet, dass Sie in diesem Leben aus dem Herzen heraus handeln müssen und das, was Sie fühlen, leben. Aber anders können Sie auch nicht. Das ist eine große Gabe, denn einiges muss in diesem Leben mit dem Herzen erledigt werden.

**Hier sollten Sie aufpassen:** Viele Menschen denken, dass Sie eine Art Notrufzentrale sind; deshalb müssen Sie versuchen, eine klare Linie dabei zu finden, wie Sie den Menschen helfen, sich aber nicht ausnutzen lassen. Das Liebesthema spielt dabei eine große Rolle.

**Hier können Sie Impulse nach außen geben:** Sie besitzen genügend Verstand für mehrere Lebensthemen, haben Erfahrungen gesammelt und sind in der Lage, Menschen durch Ihre freundliche Art zu heilen. Sie sind ein guter Psychologe, senden stets Liebe in die Welt und sorgen für Ihre Mitmenschen.

**Hier brauchen Sie Impulse von außen:** Ihnen würden Menschen guttun, die intuitiv sind und Kraft haben. Menschen, welche die Zahlen 2, 4, 5 in ihrem Geburtsdatum (Tag, Monat oder Jahr) haben, geben Ihnen diese Impulse.

**Hier sind Sie manipulierbar:** Melancholische Menschen können Sie mit ihren Depressionen anstecken. Auch durch Partnerschaften und Familienmitglieder sind Sie manipulierbar. Handeln Sie aus dem Herzen heraus, sorgen Sie sich aber auch um sich selbst!

In der Tabelle auf der nächsten Seite finden Sie die Vorlagen der Geburtstrigone zusammengefasst für den schnellen Überblick:

| **Trigon** | **Bedeutung** |
|---|---|
| Liebe | anpacken, sich falsch verlieben, Liebe geben |
| Intuition | intuitiv handeln lernen |
| Familienkarma | Familie und Business verbinden |
| Berufung | Berufung anpacken ohne Familie, eigene Wege suchen |
| Eigenes Karma | Vertrauen lernen |
| Beziehungs-karma | Umgangsformen lernen |
| Sicherheit und Stabilität | zulassen, Menschenherzen entdecken |
| Geld | den Umgang mit Geld lernen |
| Arbeit | viel arbeiten, sich abgrenzen lernen, Neues lernen |
| Helfer | anderen helfen |
| Spiritualität | Karmabeziehungen, Mutter-Teresa-Thematik |

# GEZIELTE ARBEIT MIT PLANETENIMPULSEN, UM UNSER SCHICKSAL ZU VERBESSERN UND UNSER KARMA UMZUWANDELN

## Personalisierte Heilcodes

Wir können unser Karma umwandeln, indem wir gezielt mit den Planeten arbeiten, um das Karma zu verbessern. Die Karma-Umwandlung geschieht, indem wir spezifische Impulse und Zahlen einsetzen. Durch die Zahlen, die den Planetenimpulsen zugeordnet sind, können wir sehr leicht die sogenannten personalisierten Heilcodes erzeugen. Diese werden auf einen Zettel geschrieben und am Körper getragen. In der nachfolgenden Tabelle finden Sie alle dazu nötigen Angaben. Zur Herstellung eines solchen Codes brauchen Sie die Zahl des Planeten, der Ihrem Leiden zugeordnet ist, seine aus dem Planetencode® direkt überlieferte Periodenzahl und Ihr eigenes Geburtsdatum. Hier ist die Tabelle der Zuordnungen auf einen Blick:

| Zahl | Planet | Periodenzahl | Organ/Körperpartie |
|---|---|---|---|
| 1 | Sonne | 11 | Blase |
| 2 | Mond | 19 | Dickdarm |
| 3 | Mars | 15 | Magen, Nerven, Bauchspeicheldrüse |
| 4 | Merkur | 17 | Dünndarm |
| 5 | Jupiter | 12 | Milz |
| 6 | Venus | 8 | Nieren, Haut |
| 7 | Saturn | 29 | Herz, Knochen, Nerven, Muskeln, Bänder, Arterien, Venen, Lymphe, Gelenke, Hormone |
| 8 | Uranus | 84 | Leber |
| 9 | Neptun | 13 | Lunge, Kopf, Psyche, Ohren, Hals, Haare, alles am Kopf |
| 0 | Pluto | 32 | Galle |

Um einen speziellen Heilcode zu erzeugen, gehen Sie Schritt für Schritt so vor: Als ersten Schritt müssen Sie definieren, welches Organ (bzw. welche Körperpartie oder die Psyche) Sie unterstützen wollen. Als zweiten Schritt sehen Sie nach, welche Zahl dem geschwächten Organ zugeordnet ist, denn jedes Organ hat einen eigenen Code. Als dritten Schritt schreiben Sie mithilfe der Tabelle eine Zahlenkombination zur Stärkung des schwachen Organs nach folgender Anleitung auf:

- 1. Zahl: die Organzahl (Organ selbst)
- 2. Zahl: die Zahl des zugeordneten Planeten
  Die ersten beiden Zahlen des Codes sind also immer identisch, da diese Zahl sowohl dem Organ als auch dem Planeten zugeordnet ist!
- 3. Zahl: die Summe aus beiden Zahlen

- 4. Zahl: die Periodenzahl des Planeten
- 5. und 6. Zahl: Ihr Geburtsjahr ohne Jahrhundert

So entsteht eine komplette Zahlenkombination – Ihr Heilcode.

**Beispiel 1**
Sie haben z.B. eine schwache Lunge. Die erste Zahl ist also der Tabelle zufolge die 9.
Der zugeordnete Planet ist der Neptun. Er hat ebenso die Zahl 9.
Die ersten beiden Zahlen sind also 9 9.
Nun kommt die dritte Zahl durch Addition der beiden Zahlen: 9 + 9 = 18
Also: 9 9 18
Die vierte Zahl ist die Periodenzahl des Neptuns, also die 13.
Die Kombination lautet folglich:
9 9 18 13
Sollten Sie wie ich 1973 geboren sein, müssen Sie als 5. und 6. Zahl noch die Zahlen 7 und 3 für das Jahr ohne Jahrhundert notieren. Somit ist der komplette Code:
9 9 18 13 7 3

**Beispiel 2**
Sie haben z.B. Muskelschmerzen. Die erste Zahl ist der Tabelle zufolge die 7.
Der zugeordnete Planet ist der Saturn. Er hat ebenso die Zahl 7.
Wir haben also 7 7.
Nun kommt die dritte Zahl durch Addition: 7 + 7 = 14
Also: 7 7 14

Die vierte Zahl ist die Periodenzahl des Saturns, also 29. Somit lautet die Kombination:
7 7 14 29
Für mein Geburtsjahr 1973 füge ich als 5. und 6. Zahl die 7 und die 3 dazu. Somit ist mein kompletter Code gegen Muskelschmerzen:
7 7 14 29 7 3

Auf diese Weise können Sie für Beschwerden aller Art Heilcodes ermitteln, die Sie dann, auf einen Zettel geschrieben, so lange nah am Körper tragen, bis es Ihnen wieder gutgeht. Die Leerräume zwischen den einzelnen Zahlen müssen Sie nicht auf Ihren Zettel übertragen, sie dienen in den Beispielen dazu, die Herleitung der Codes besser verständlich zu machen.

## Planetenimpulse durch Heilsteine

Alle Planeten des Sonnensystems spielen eine große Rolle in unserem Leben. Jeder Planet sendet spezifische Impulse, die auf die Erde gelangen. Diese Impulse werden von allen Lebewesen, aber auch von Steinen wahr- und aufgenommen. Nach der Planetencode®-Lehre erkennen wir Projektionen dieser Welt nach dem Prinzip »Alles ist Eins« und wissen, welche Energien gebraucht werden. Die Planetenenergien kommunizieren gleichzeitig mit der Energie der Menschen und den Steinen. Jeder Stein kommuniziert mit einem oder sogar mehreren Planeten. Edelsteine speichern diese Energien und sind in der Lage, sie als Heilsteine an uns Menschen weiterzugeben.

Sie haben bereits gelernt, dass Planetenenergien den Zahlen zugeordnet werden:

- Sonne 1
- Mond 2
- Mars 3
- Merkur 4
- Jupiter 5
- Venus 6
- Saturn 7
- Uranus 8
- Neptun 9
- Pluto 0

Auch Edelsteine werden den Zahlen in unserem Geburtsdatum zugeordnet. Somit können wir sie als Heilsteine nutzen, da Edelsteine in der Lage sind, die empfangene Energie in unsere Aura – unseren Energiekokon – abzugeben. Dadurch wird unsere Aura gestärkt, sodass sich keine Fremdenergien einnisten können. Wir brauchen dafür die Steine, die den Zahlen in unserem Geburtsdatum oder aber einem Thema entsprechen.

**Zahl 1 – DIE SONNE**

Die Sonne symbolisiert Macht und Tatkraft. Ihre Frequenz macht Sie erfinderisch, kreativ und sexy.

**Ihre Steine:** Aprikosenachat, Quarze, Aventurin, Bernstein, Bergkristall, Gold, Amethyst, Calcit, Diamant, Rubin

**Zahl 2 – DER MOND**

Der Mond steht symbolisch für die Fantasie und das Unbewusste. Seine Frequenz lässt Sie hellfühlen und stärkt Ihre Intuition.

**Seine Steine:** Aragonit, Aventurin, Mondstein, Magnesit, Zirkon, Perle, Smaragd

**Zahl 3 – DER MARS**

Der Mars ist das Symbol für den Mut und die Kraft, Chancen zu realisieren. Seine Frequenz eröffnet Aufstiegsmöglichkeiten und stärkt den Körper.

**Seine Steine:** Roter Achat, Fossilien, Perlen, Rubin, Karfunkel, Perlmutt, Baumquarz, Topas

**Zahl 4 – DER MERKUR**

Der Merkur symbolisiert die Fähigkeit zur Kommunikation. Seine Frequenz macht Sie klug, vielseitig interessiert und zielstrebig. Sie bringt Anerkennung und Umsetzung.

**Seine Steine:** Milchquarz, Rauchquarz, Howlith, Jade, Tektit, Schungit, Meteorit, Zirkon, Smaragd

**Zahl 5 – DER JUPITER**

Der Jupiter ist ein Symbol für Mut und Expansion. Seine Frequenzen machen Sie spirituell, glücklich und erfolgreich.

**Seine Steine:** Pyrit, Calcit, Türkis, Edelschungit

**Zahl 6 – DIE VENUS**

Die Venus ist das Symbol der Liebe. Venus-Frequenzen ziehen Liebe in Ihr Leben, machen Sie erfolgreich und offenbaren Ihnen Ihre verborgenen Gaben.

**Ihre Steine:** Apophyllit, Chalcedon, Coelestin, Rosenquarz, Sodalith, blauer Calcit, Botswana-Achat, Buntkupfer, Diamant

**Zahl 7 – DER SATURN**
Der Saturn steht symbolisch für das Erkennen von Ursache und Wirkung. Seine Frequenzen lassen Sie Lebensziele erreichen und verleihen Konzentrationsstärke.
**Seine Steine:** Larimar, Meteorit, Moldavit, Achat, Onyx, Hämatit, Amethyst

**Zahl 8 – DER URANUS**
Der Uranus ist ein Symbol für Freiheit, Individualität und Unabhängigkeit. Seine Frequenzen bringen neue Erkenntnisse und Erlösung.
**Seine Steine:** Blauer Achat, Aquamarin, Glimmer, Lapislazuli, Botswana-Achat

**Zahl 9 – DER NEPTUN**
Der Neptun symbolisiert den Wandel im Leben. Seine Frequenz erleichtert die Kommunikation, regelt zudem Emotionen und hilft dabei, alte Verhaltensmuster loszuwerden.
**Seine Steine:** Malachit, Chrysopras, Diopsid, Zirkon, Jade, Nephrit, Perlmutt

**Zahl 0 – DER PLUTO**
Der Pluto ist ein Symbol der Erneuerung. Seine Frequenz macht Sie nachdenklich und lässt Sie das Verborgene erkennen.
**Seine Steine:** Buntachat, Blutachat, Andalusit, Fluorit, Gagat, Turmalin

Die Energien der Edelsteine übertragen sich automatisch auf Sie, wenn Sie Ihren Planeten zugeordnete Steine auf Ihr Foto legen oder sie am Körper tragen. Sie können auch ein genau Ihren Bedürfnissen entsprechendes Amulett herstellen, indem Sie die passenden Edelsteine in ein Beutelchen aus Baumwolle legen und dieses immer bei sich tragen. Ein solches Planetencode®-Amulett ist Ihr magischer Talisman.

**Beispiel:**
Nehmen wir an, Sie sind am 10. Februar 1967 geboren. Welche Zahlen haben Sie in Ihrem Geburtsdatum? Wie bereits bei den Berechnungen weiter oben werden die Zahlen des Jahrhunderts sowie eine etwaige Null vor dem Monat nicht berücksichtigt. Von den Zahlen in Ihrem Geburtsdatum nehmen Sie demnach 1, 0, 2, 6 und 7. Sie haben also folgende Planetenimpulse bei der Geburt erhalten:

| | |
|---|---|
| Sonne | 1 |
| Pluto | 0 |
| Mond | 2 |
| Venus | 6 |
| Saturn | 7 |

Lesen Sie nun nach, welche Heilsteine diesen Planeten zugeordnet werden, und legen Sie diese Edelsteine zusammen in einen Beutel. Jedem Planeten sind mehrere Steine zugeordnet. Entscheiden Sie sich aber intuitiv nur für einen Edelstein pro Planetenimpuls. Weil die Heilsteine zusammengelegt werden, entsteht eine Schutzfrequenz, die an Sie angepasst ist. Das Zusammenspiel der Frequenzen stärkt Ihre Aura und schützt Sie vor Manipulationen.

Eine zweite Möglichkeit, mit den Planetenimpulsen der Edelsteine zu arbeiten, ist folgende: Sie suchen sich nur einen einzigen Stein aus, der Ihnen eine bestimmte Qualität übermittelt, und tragen diesen bei sich. Nehmen wir an, ein Vorstellungsgespräch steht an, und Sie haben Angst davor hinzugehen. Was brauchen Sie? Klar, Sie brauchen Mut. Sie entscheiden sich also dafür, einen Marsstein mitzunehmen, dessen Frequenz Ihnen Mut übermittelt. Oder Sie haben sich verliebt und möchten bei dieser Person einen guten Eindruck hinterlassen. In diesem Fall brauchen Sie einen Venusstein. Suchen Sie sich einen aus der Liste aus und tragen Sie ihn bei sich. So einfach und wirksam ist diese Methode!

## Die 88 Sternbilder

Bei Schamanen hat die Beobachtung der Sterne eine jahrhundertelange Tradition. Die Sternbilder, die ich auch gerne Sternfamilien nenne, verändern sich ständig. Das wird astronomisch als Bewegung der Galaxie gedeutet und ist der Grund dafür, dass die Abbildungen, die Sie im Folgenden finden, nicht unbedingt denen entsprechen, die Sie in Büchern über Astronomie finden. Es sind vielmehr die überlieferten Zeichen der schamanischen Beobachtung vom Ursprung der Galaxie. Die Zeichen bestehen im Wesentlichen aus Linien, die Sterne verbinden. Doch es gibt auch die sogenannten Nebensterne, die ohne Linien dargestellt werden. Auch sie haben eine Wirkung in den Zeichen.

Die grafischen Darstellungen der 88 Sternfamilien können ebenfalls zur Heilung karmischer Probleme genutzt werden. Es geht dabei um die sogenannte kosmische Geometrie und Heilzeichen-Homöopathie. Die Sternfamilien-Zeichen (je nach Thema eines davon oder mehrere) werden mit einem

Kugelschreiber oder einem farblosen Stift direkt auf die Haut gemalt. Sollte Ihnen das unangenehm sein, können Sie diese Zeichen auch auf ein Pflaster (Tape) zeichnen, das Sie dann auf die Haut kleben. Wo genau Sie die Zeichen auf Ihren Körper bringen, spielt keine Rolle, da jedes Zeichen wie eine Antenne arbeitet und seine Energie zu Ihrem Problempunkt sendet.

Zur täglichen Unterstützung Ihrer Seele können Sie diese Zeichen auch auf einen Zettel malen und diesen nah am Körper tragen (z.B. in der Hosentasche). Genauso wirksam sind die Zeichen, wenn Sie sie als Karten ausdrucken und in Ihre Handtasche oder Ihr Portemonnaie legen. Am Arbeitsplatz können Sie die Zeichen beispielsweise auf den Schreibtisch legen. Sie müssen allerdings in Ihrer Aura bleiben, dürfen also nicht weiter als eineinhalb bis zwei Meter von Ihrem Körper entfernt sein.

Alle Sternbilder sind zwar Sternzeichen (Tierkreiszeichen) zugeordnet, mit denen sie kommunizieren, Sie können allerdings sämtliche Bilder zur Bearbeitung Ihrer karmischen Themen nutzen, unabhängig davon, welches Sternzeichen Sie selbst haben. Da die Sternbilder der zwölf Sternzeichen für bestimmte Themen stehen, können Sie natürlich auch deren Bilder nutzen. Die folgenden Abbildungen der einzelnen Sternbilder sind nicht in alphabetischer Reihenfolge geordnet, sondern sie sind nach ihrer Zuordnung zu den Planeten und ihren Sternzeichen gruppiert.

Allgemein ist zu den Sternbildern festzuhalten, dass gerade verlaufende Striche eine auflösende Wirkung haben und schräg verlaufende Striche dynamisierend wirken. Horizontale Striche wirken bremsend, während senkrechte Striche eine Antenne nach oben darstellen und eine beschleunigende

Wirkung haben. Die Punkte sind Verstärkersymbole, die alles Positive und Verträgliche verstärken. Beachten Sie, dass einige der Punkte größer sind als die anderen. Das entspricht der Sichtbarkeit eines Sterns. Je stärker er strahlt, desto größer ist der Punkt. Daher sind die großen Punkte auch groß abzumalen. Jedes Zeichen wandelt negative Information in positive um und löst somit negative Blockaden auf.

*Sonne (Löwe)*

**Andromeda**

Andromeda besteht aus einer Kette von vier Sternen, drei davon liegen nahezu auf einer Linie. Ein schwach leuchtender Nebelfleck (der 5. Punkt) ist die Galaxie M31.
**Themen:** Zu große Opferbereitschaft für andere Menschen. Das Zeichen lässt einige karmische Themen erkennen und fokussiert im Hier und Jetzt.
**Leiden:** Stärkt die Psyche, löscht einige karmische Belastungen in der Seele und befreit von Sorgen.

## Schwan

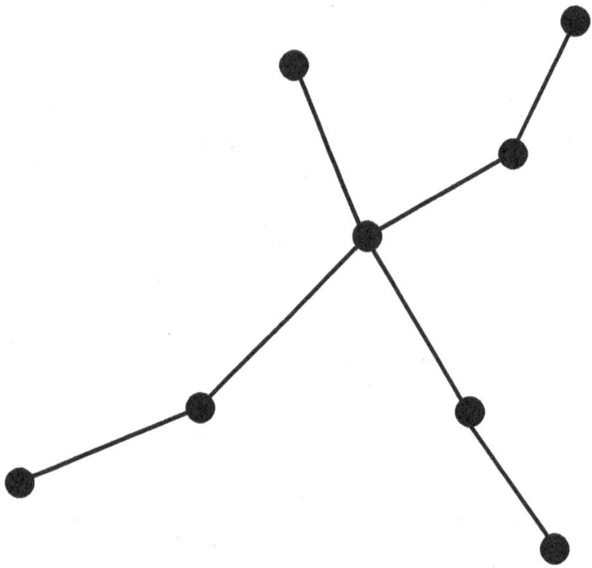

Die zwei hellen Sternenreihen des Schwans bilden ein markantes Kreuz am Himmel. Deshalb wird das Sternbild auch als *Kreuz des Nordens* oder *Nördliches Kreuz* bezeichnet.

**Themen:** Stärkt den Geist und aktiviert die Denkkraft, wenn es um Transformation, Selbstzerstörung, Zweisamkeit und vieles mehr geht.

**Leiden:** Das Zeichen unterstützt bei Liebesproblemen und karmischen Beziehungen.

## Kleiner Löwe

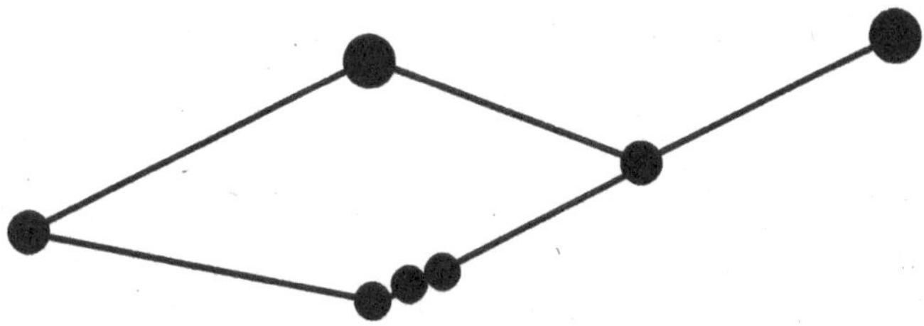

Bei diesem kleinen Sternbild (die oberen drei Sterne) finden sich auch Kometen und Asteroiden (unten und rechts).
**Themen:** Seelisches Wachstum, Genauigkeit und Sortieren der Lebensthemen. Das Zeichen unterstützt Ihre seelische Entwicklung.
**Leiden:** Depression und Kummer.

## Taube

Das Sternbild des südlichen Sternenhimmels ist ein unauffälliges Sternbild unterhalb des Hasen.
**Themen:** Befreiung von alten Dogmen oder nicht gut gesonnenen Personen, Rettung, Kommunikation und das Zulassen der wichtigen Themen.
**Leiden:** Verspannungen und Stress.

## Schiffskompass

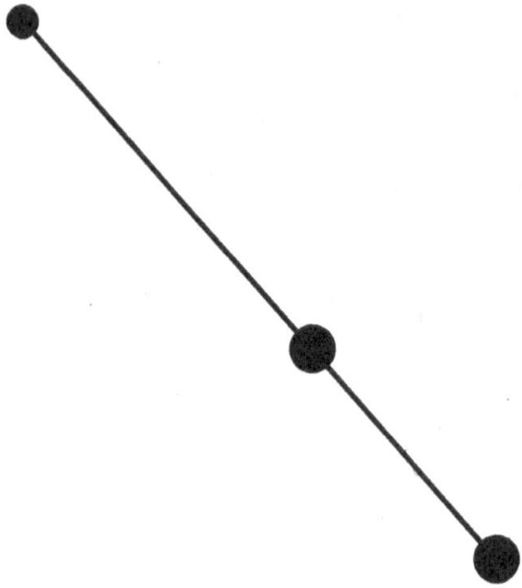

Der Schiffskompass ist ein unscheinbares Sternbild, das einer Kompassnadel gleicht.

**Themen:** Orientierung im Leben, Anziehungskraft und Befreiung von karmischen Mustern wie Opferbereitschaft oder mangelnde Selbstliebe.

**Leiden:** Konzentrationsstörungen und das Gefühl, in der Luft zu schweben.

## Paradiesvogel

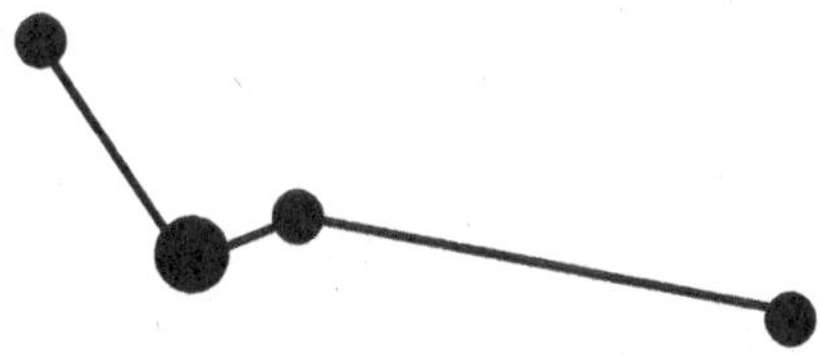

Den Paradiesvogel findet man am Himmel durch die zwei großen Sterne links. Die anderen sind eher unsichtbar.
**Themen:** Sich zeigen, sich verlieben, Paradies auf Erden finden. Das Zeichen gibt Ihnen Mut und Power.
**Leiden:** Angst, Blasenbeschwerden und allgemeine Schwäche.

## Südliche Krone

Die Südliche Krone liegt unterhalb des Schützen. Der untere Stern ist der hellste.
**Themen:** Gefühle wecken, Anerkennung und mehr Erfolg. Das Zeichen bringt Erfolge in kurzer Zeit.
**Leiden:** Schmerzen und allgemeine Schwäche.

*Mond (Krebs)*

**Delfin**

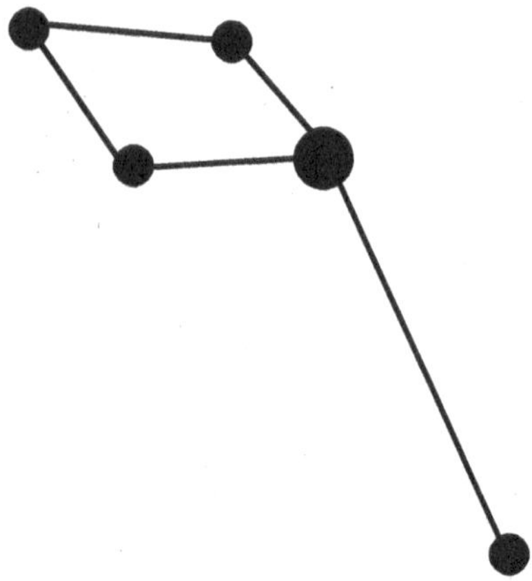

Der Delfin ist ein kleines, aber einprägsames Sternbild unweit des Himmelsäquators. Daher ist es überall auf der Welt sichtbar.
**Themen:** Transformieren, Schönheit vermehren und neue Wege finden.
**Leiden:** Blasenbeschwerden, Unterleibsschwäche und Schmerzen im unteren Bereich des Körpers.

## Leier

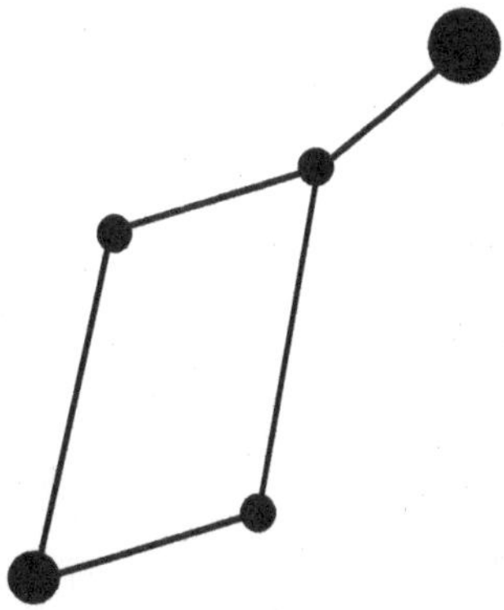

Die Leier ist ein kleines, aber auffälliges nördliches Sternbild, in dem sich mit der Wega einer der hellsten Sterne am Himmel befindet.
**Themen:** Energie tanken und siegen. Das Zeichen unterstützt Ihren Mut.
**Leiden:** Schilddrüsenbeschwerden.

## Sextant

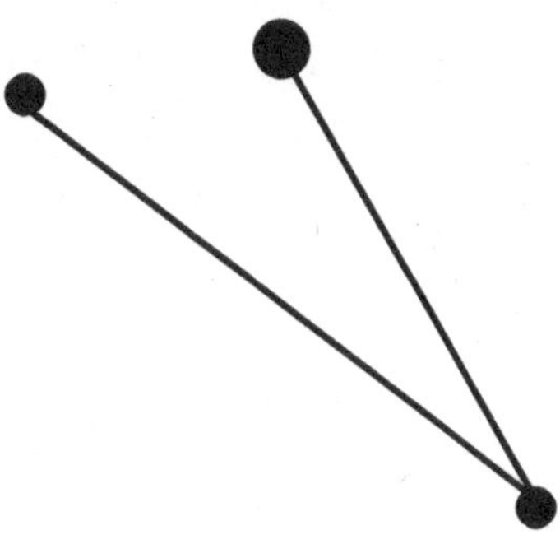

Der Sextant ist kaum am Himmel zu erkennen, denn seine Sterne leuchten nur sehr schwach.
**Themen:** Sich fokussieren, durchblicken und zum Erfolg kommen. Das Zeichen unterstützt dabei, gesetzte Ziele zu erreichen und hilft

auch, das geistige Potentiell zu verbessern und sich meditativ einzustimmen.
**Leiden:** Vergesslichkeit und Gehirnschwäche.

### Altar

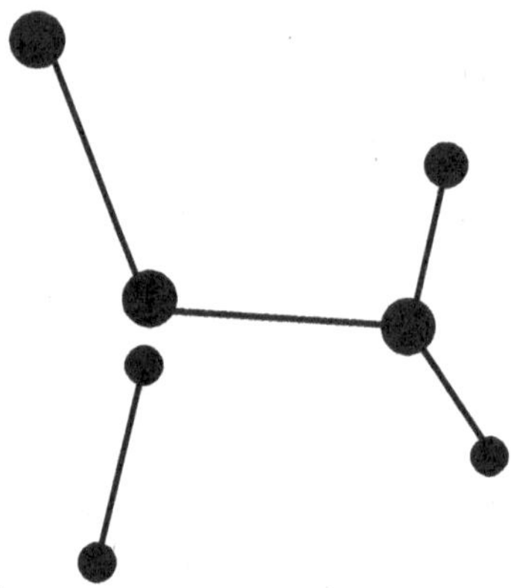

Der Altar ist ein eher kleines südliches Sternbild, das im Süden des Skorpions in der Milchstraße liegt.
**Themen:** Zentrieren, Geld verdienen, Weisheit vermehren. Das Zeichen unterstützt das spirituelle Wachstum.
**Leiden:** Ängste und belastende Glaubenssätze, die aus dem Vorleben stammen können, sowie karmische Leiden (schleichende Erkrankungen wie Parkinson oder Krebs).

## Achterdeck

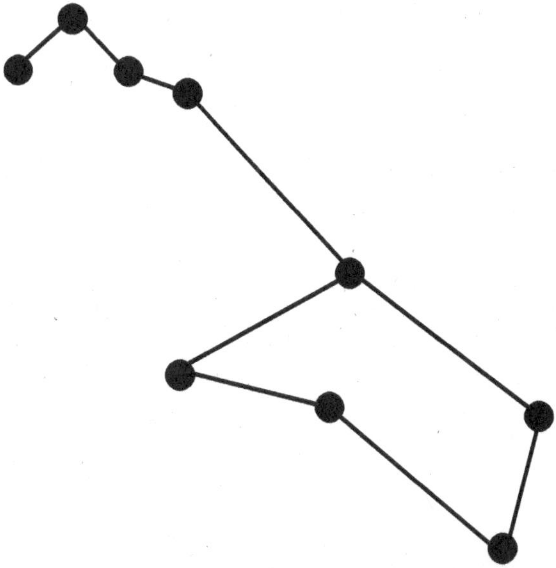

Das Achterdeck ist ein großes südliches Sternbild in der Nähe des Großen Hundes.

**Themen:** Gegen Magie und Betrug ist das Zeichen sehr wirksam.

**Leiden:** Füße und Gelenke werden durch das Zeichen energetisch unterstützt.

## Grabstichel

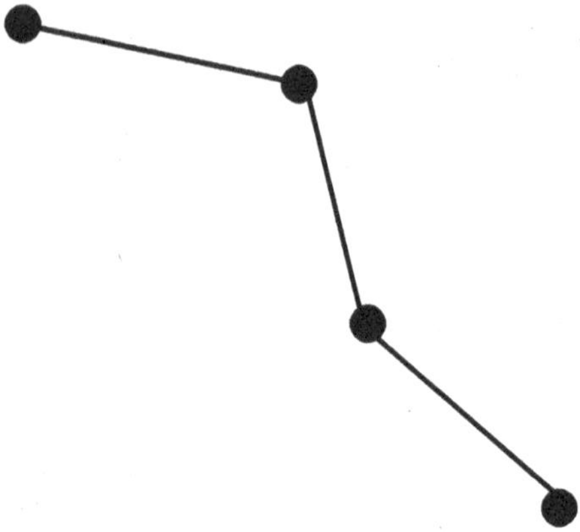

Der Grabstichel ist ein unauffälliges Sternbild am südlichen Himmel in der Nähe des Hasen.
**Themen:** Magie und Dreifaltigkeit sind die Themen dieses Zeichens. Es unterstützt Magier und Heiler bei ihrer Arbeit.
**Leiden:** Darmbeschwerden und Schmerzen im Bereich des Unterleibs.

## Südlicher Fisch

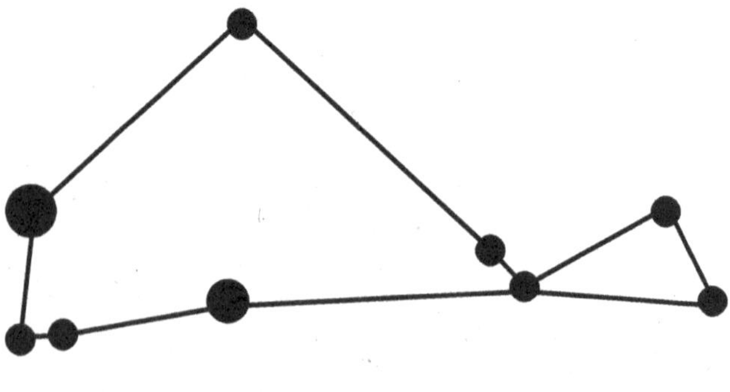

Dieses südliche Sternbild liegt unterhalb des Wassermann und erinnert an einen Wal.
**Themen:** Entscheidungen treffen, Rituale, außerdem Geldthemen.
**Leiden:** Probleme mit den Nieren und Harnwegen.

*Mars (Widder)*

**Drache**

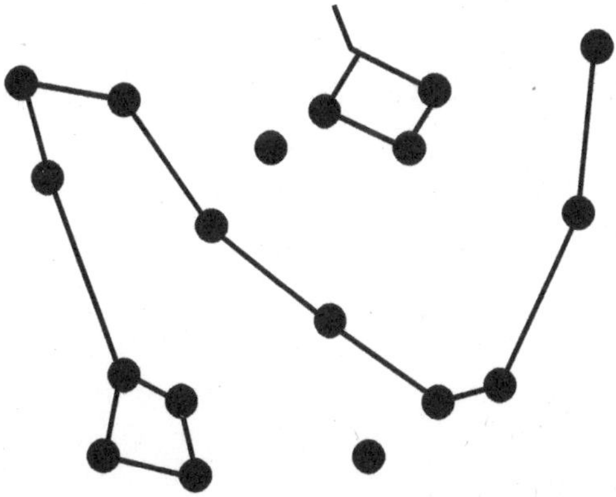

Der Drache ist ein sehr ausgedehntes Sternbild am nördlichen Himmel. Seinen Kopf bilden die unteren vier Sterne, die zu Herkules gerichtet sind.
**Themen:** Das Zeichen unterstützt die berufliche Entwicklung und den Aufstieg.
**Leiden:** Kopfschmerzen, Hautprobleme.

**Fuchs**

Der Fuchs steht am Nordhimmel und wird von der Milchstraße durchzogen.

**Themen:** Gehört werden, wahrgenommen werden, die richtigen Menschen anziehen. Das Zeichen stärkt in erster Linie die Aura.

**Leiden:** Probleme mit der Nase und den Nasenhöhlen.

**Dreieck**

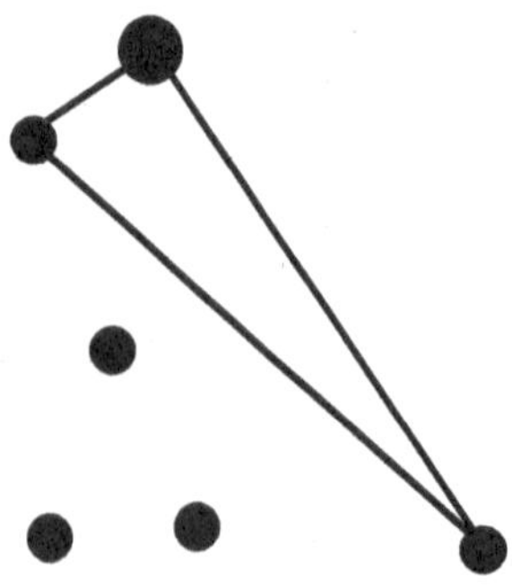

Das Dreieck ist ein kleines Bild am nördlichen Himmel, es symbolisiert Kommunikation und Gedankenaustausch.

**Themen:** Liebe und Zuneigung sowie das Geliebtwerden werden durch dieses Zeichen unterstützt. Es aktiviert zudem die Selbstliebe.

**Leiden:** Probleme mit dem Hals oder Rachenraum sowie den Ohren.

## Einhorn

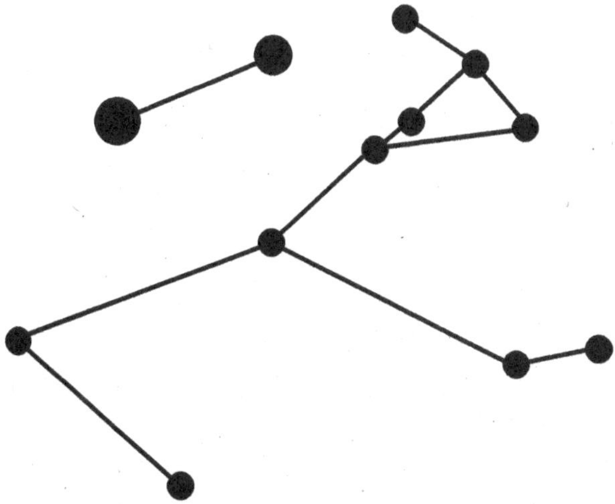

Das Einhorn ist eines der wichtigsten Sternbilder unserer Zeit.
**Themen:** Spiritualität und geistige Entwicklung werden durch dieses Zeichen unterstützt.
**Leiden:** Probleme, die das Gehirn und den Kopf allgemein betreffen.

## Fliegender Fisch

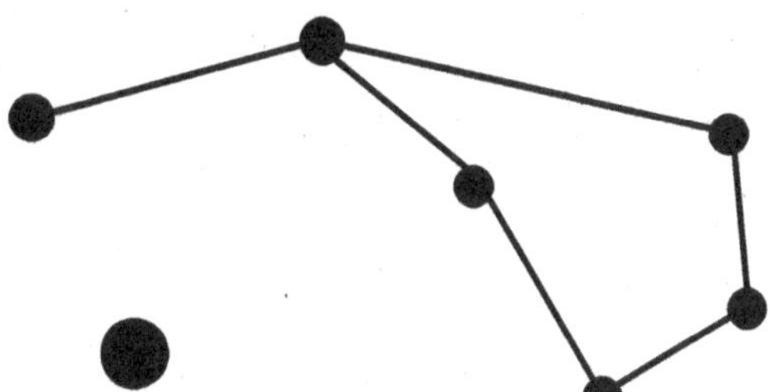

Der Fliegende Fisch ist ein unauffälliges Sternbild. Doch es spielt eine große Rolle für unsere Entwicklung.

**Themen:** Verstehen der Welt und der Umgebung. Das Zeichen lässt uns mitdenken, was um uns herum geschieht. Es unterstützt die Intuition.

**Leiden:** Schulterbeschwerden, die durch zu große Lebenslast entstehen können.

## Chemischer Ofen

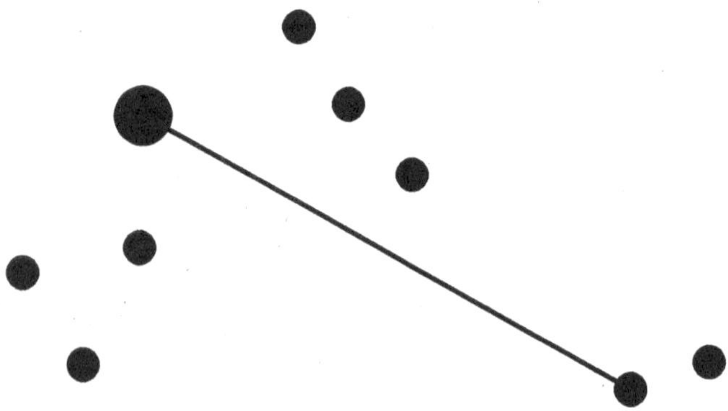

Der Chemische Ofen (lat. Fornax) ist ein unscheinbares Sternbild, das aus lichtschwachen Sternen, aber auch Galaxienhaufen besteht.

**Themen:** Sich ganz allgemein öffnen, neues Wissen zulassen und sich geistig für das Neue öffnen.

**Leiden:** Herzbeschwerden und Belastungen im psychischen Bereich.

## Kreuz (des Südens)

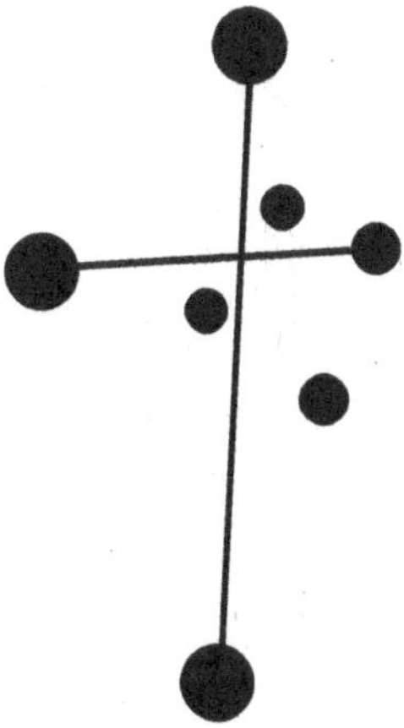

Das auffällige Sternbild Kreuz hat sich durch die Präzessionsbewegung der Erde nach Süden verschoben.
**Themen:** Karma-Belastungen aus dem Vorleben, sich für neue Erfahrungen öffnen und das Alte loslassen.
**Leiden:** Kreuzschmerzen, Bandscheibenbeschwerden, Knochenleiden.

*Merkur (Zwillinge und Jungfrau)*

## Giraffe

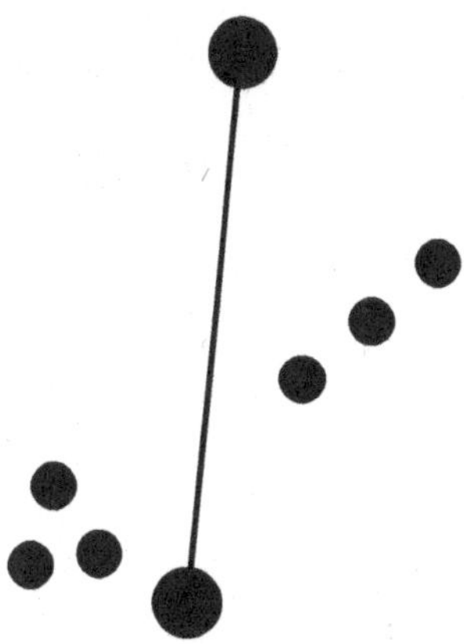

Die Giraffe ist ein ausgedehntes, aber sehr unauffälliges Sternbild des nördlichen Himmels ohne helle Sterne.
**Themen:** Das Zeichen ermöglicht Weitsicht, die Spiritualität wachsen lässt und eine gute Kommunikation mit den Mitmenschen ermöglicht.
**Leiden:** Lungenbeschwerden, Halsschmerzen.

**Füllen**

Das Füllen ist ein sehr kleines, unscheinbares Sternbild in der Nähe von Pegasus.
**Themen:** Erfüllung von Wünschen und Zielsetzung. Das Zeichen unterstützt die karmischen Gaben und das Thema Zulassen.
**Leiden:** Augenleiden.

**Kepheus**

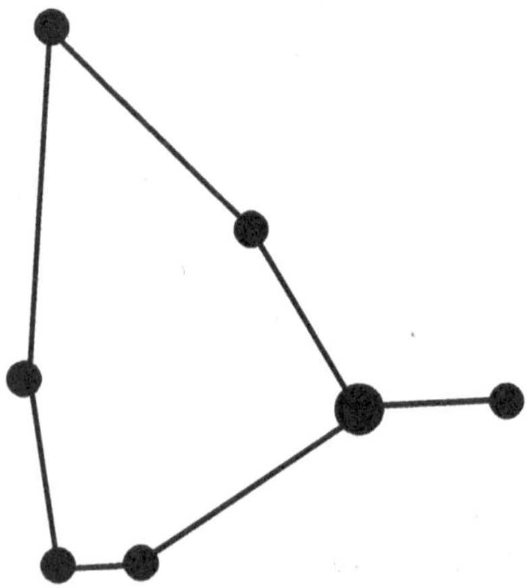

Die hellsten Sterne dieses nach einem König benannten nördlichen Sternbilds erinnern an ein Haus mit spitzem Dach. Dieses Haus wirkt einladend und wärmt noch dazu Ihre Seele.

**Themen:** Wünsche erkennen, sich im eigenen Körper zuhause fühlen lernen. Das Zeichen unterstützt das Thema Selbstliebe.
**Leiden:** Kraftlosigkeit und Ausgelaugtsein.

## Maler

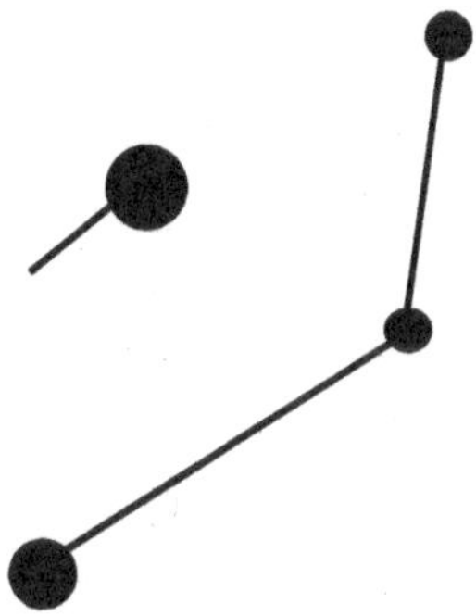

Dieses unscheinbare südliche Sternbild wurde erst 1752 eingeführt.
**Themen:** Kreativität und Gaben wecken, Befreiung der Seele von Ängsten und Dogmen.
**Leiden:** Bakterielle und virale Erkrankungen.

## Mikroskop

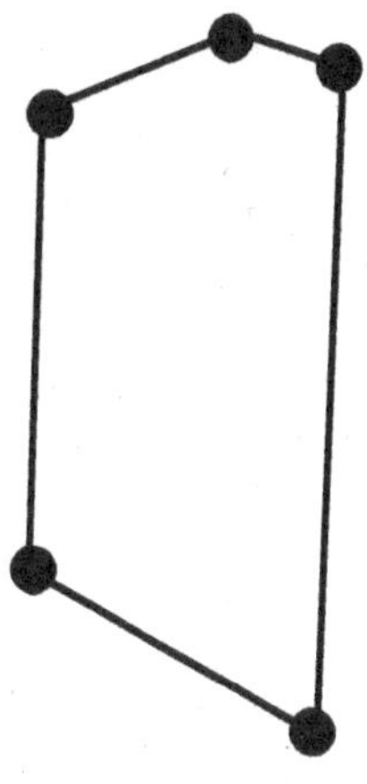

Das Mikroskop ist ein dunkles und deshalb unscheinbares Sternbild im Süden des Steinbocks.
**Themen:** Erkennen und Wahrnehmen, was karmisch wichtig ist. Alles sozusagen unter die Lupe nehmen, um richtige Entscheidungen zu treffen.
**Leiden:** Blutprobleme und Lymphe.

## Netz

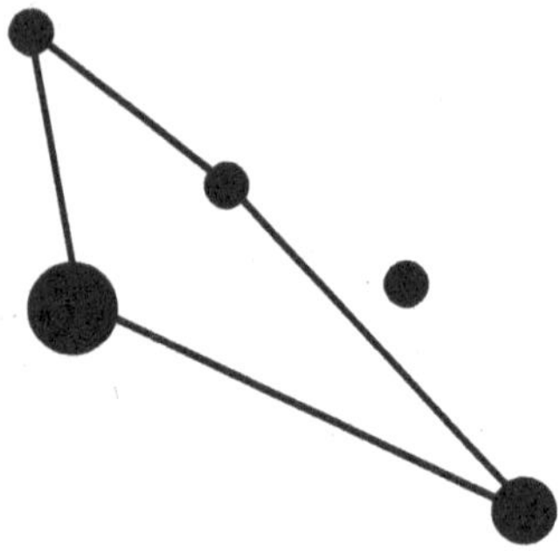

Das kleine südliche Sternbild stellt kein Netz im herkömmlichen Sinne dar, sondern ein astronomisches Messinstrument: eine Glasplatte mit einem Netzmuster von eingravierten Linien.
**Themen:** Das Zeichen lässt mehr sehen, aktiviert das 3. Auge und verarbeitet das alte Karma.
**Leiden:** Augen- und Gehirnleiden.

## Südliches Dreieck

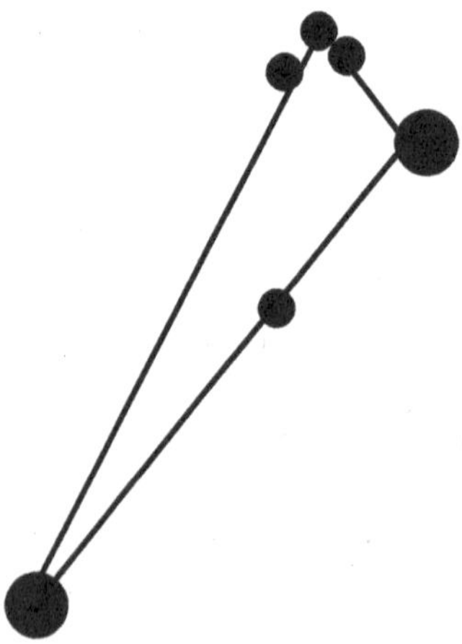

Das Dreieck ist ein Sternbild des südlichen Himmels, das von unseren Breiten aus nicht sichtbar ist. Es liegt neben dem Zirkel.
**Themen:** Anziehungskraft stärken und eine gute Kommunikation mit den Mitmenschen aktivieren. Das Zeichen hilft, bei karmischen Beziehungen richtig zu handeln.
**Leiden:** Sprachprobleme und Ohrenschmerzen.

*Jupiter (Schütze)*

## Großer Bär

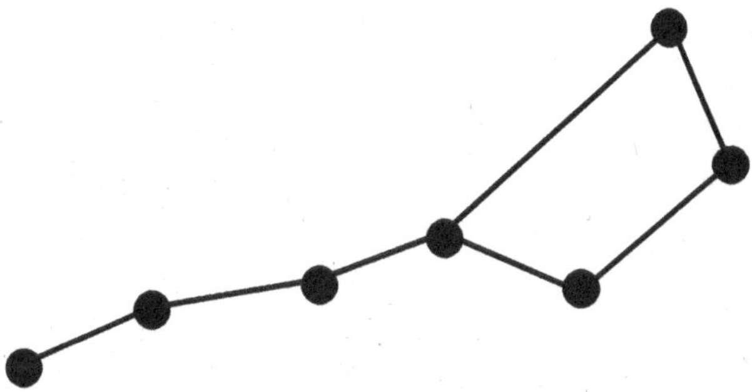

Der Große Bär – oder Großer Wagen – am nördlichen Himmel ist eines der bekanntesten und hellsten Sternbilder.
**Themen:** Kraft sammeln, richtige Entscheidungen treffen und Mut zeigen. Das Zeichen verhilft schnell zu mehr Leichtigkeit.
**Leiden:** Kraftverlust und Magenbeschwerden.

## Kleiner Bär

Der Kleine Bär mit dem hellen Polarstern ist in der Nähe des Himmelsnordpols zu finden. Er wird auch Kleiner Wagen genannt.
**Themen:** Kraft tanken, Familienkarma loslassen, gute Beziehungen finden.
**Leiden:** Altersbedingte Probleme.

## Pfeil

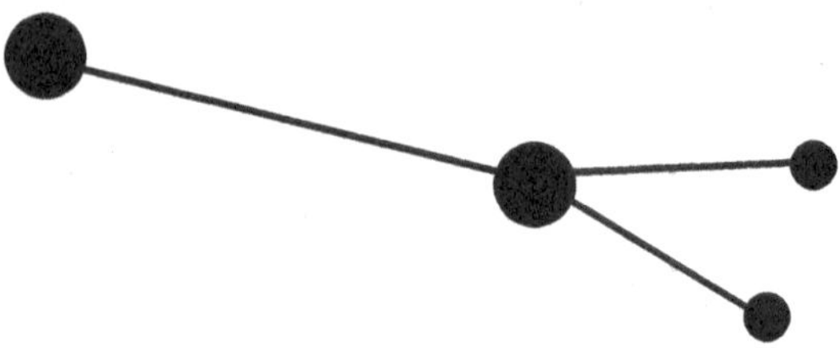

Der Pfeil ist das drittkleinste Sternbild. Es befindet sich zwischen Fuchs und Adler.
**Themen:** Handeln aus dem Herzen. Das Zeichen kann bei wichtigen Entscheidungen unterstützen.
**Leiden:** Schmerzen.

## Kranich

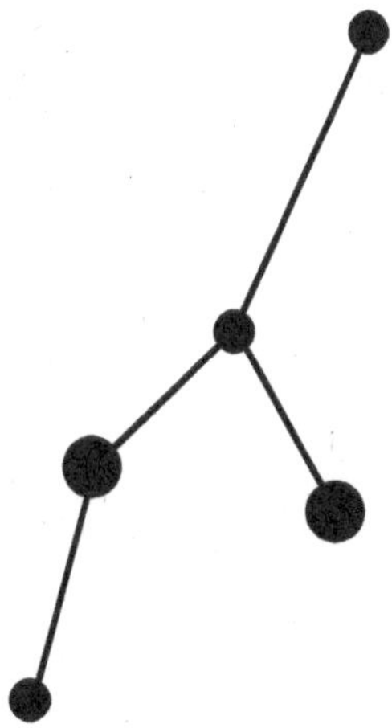

Der Kranich ist am südlichen Himmel zu finden mit zwei besonders hellen Sternen, die einen deutlichen Farbkontrast aufweisen. Er symbolisiert die Bewegung des Geistes und dessen Transformation.

**Themen:** Sich und andere schützen, Sicherheitsgefühl entwickeln und Überblick behalten. Das Zeichen lässt karmische Themen erkennen und handeln.

**Leiden:** Beinprobleme und schmerzende Füße.

## Fliege

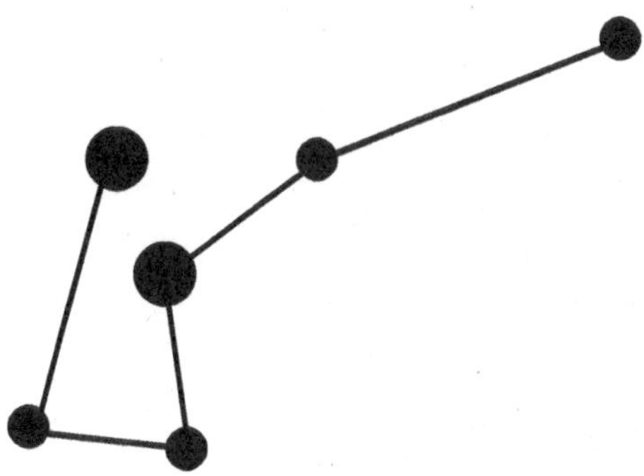

Die Fliege ist ein kleines Sternbild und liegt im Süden des Kreuzes des Südens.

**Themen:** Abschirmen, Leichtigkeit erleben und sich von alten Mustern befreien. Das Zeichen lässt die Vergangenheit loslassen.
**Leiden:** Bandscheibenprobleme, Bänder allgemein.

### Tafelberg

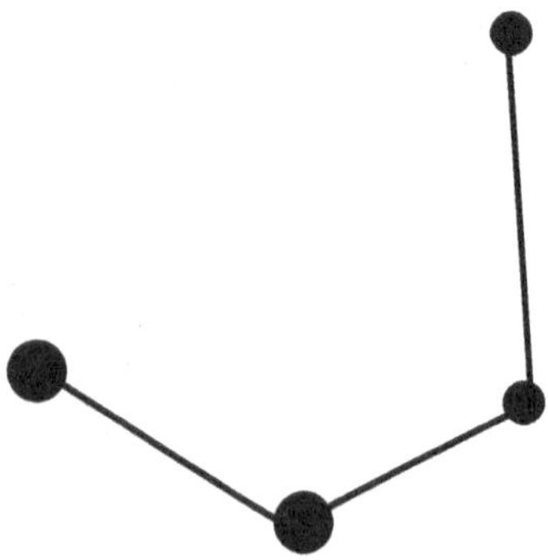

Der Tafelberg liegt am Südhimmel und ist das dunkelste Sternbild.
**Themen:** Beständig sein und die goldene Mitte finden sind die Themen dieses Zeichens.
**Leiden:** Arterienprobleme und Immunsystemschwäche, Gewicht ausgleichen.

*Venus (Stier und Waage)*

## Fuhrmann

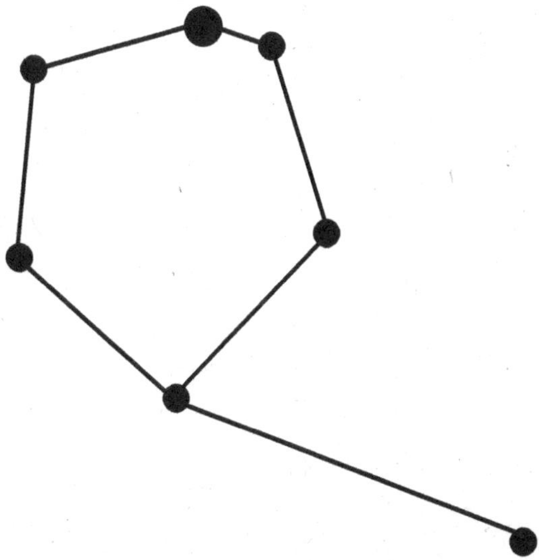

Der Fuhrmann mit seinem riesigen Hauptstern Capella ist leicht am Nordhimmel zu finden.

**Themen:** Führung im Leben und Verantwortung übernehmen.

**Leiden:** Schlafprobleme.

## Haar der Berenike

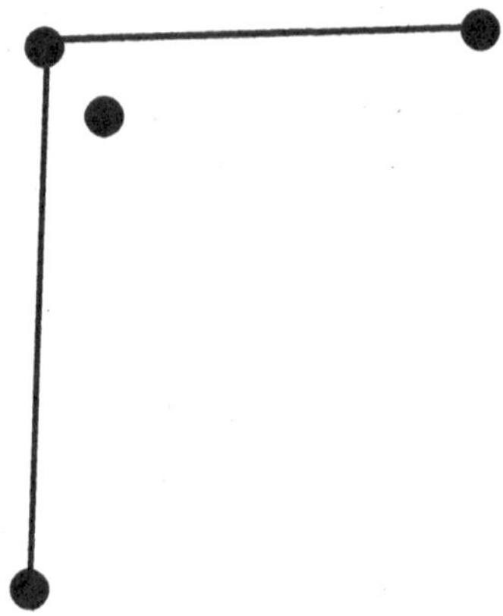

Das nördliche Sternbild trägt den Namen einer ägyptischen Pharaonin und liegt zwischen dem Löwen und dem Bärenhüter.

**Themen:** Kontakte knüpfen und karmische Themen erkennen. Das Zeichen stärkt zudem die Intuition.

**Leiden:** Haar- und Kopfhautprobleme.

## Kleiner Hund

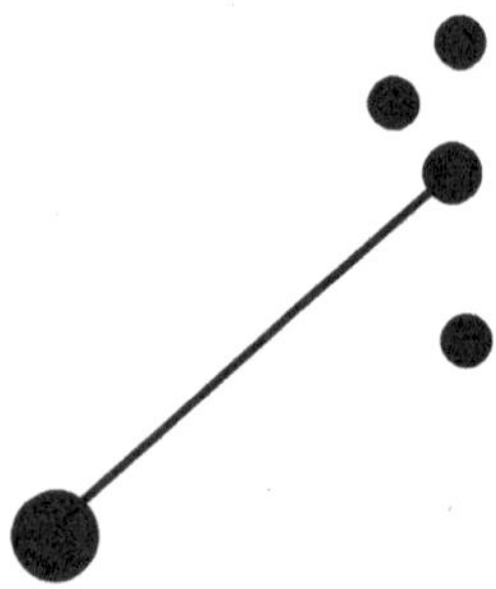

Der Kleine Hund ist ein kleines Sternbild im Süden der Zwillinge.

**Themen:** Sprechen, aussprechen, handeln lernen. Das Zeichen macht lockerer und lässt neue Dinge anpacken.

**Leiden:** Probleme mit der Zunge, Erkrankungen des Rachenraums.

## Hase

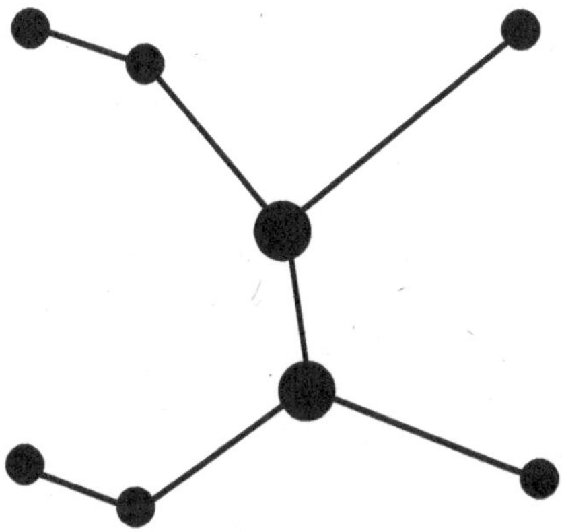

Der Hase liegt direkt im Süden des gut am Himmel auffindbaren Orion.

**Themen:** Angst ablegen sowie karmische Ängste erkennen und beheben.

**Leiden:** Muskelprobleme und Milzleiden.

## Luftpumpe

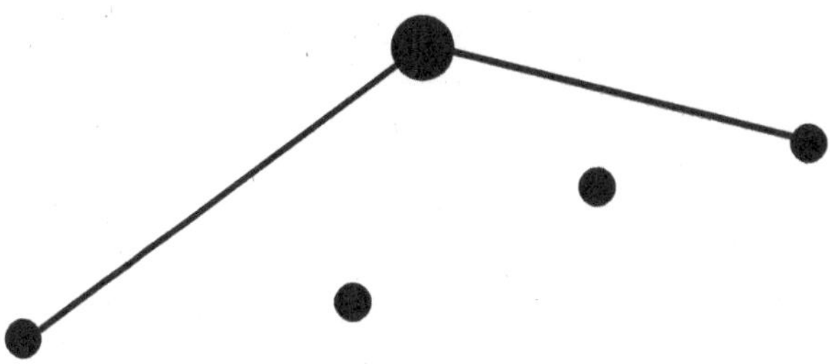

Die Luftpumpe ist ein südliches Sternbild mit wenigen lichtschwachen Sternen.

**Themen:** Sich bewegen und andere bewegen. Das Zeichen verstärkt das Charisma.
**Leiden:** Lungenbeschwerden.

### Tukan

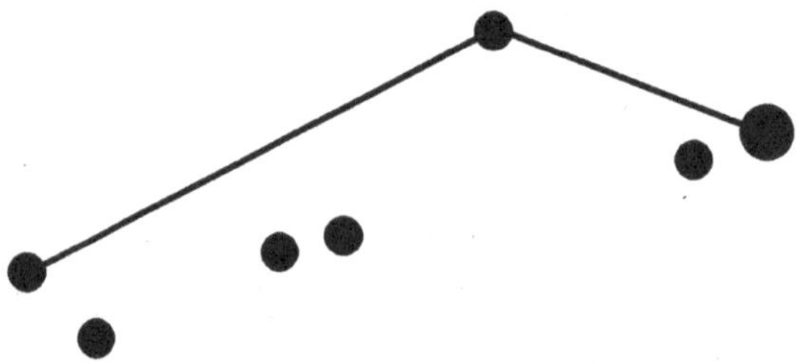

Der Tukan ist ein unauffälliges Sternbild am südlichen Himmel.
**Themen:** Denken lernen, das Gehirn schulen und nutzen. Das Zeichen ermöglicht die Analyse.
**Leiden:** Probleme mit Galle, Leber und Bauchspeicheldrüse.

### Kleine Wasserschlange

Die Kleine oder Südliche Wasserschlange liegt zwischen der Kleinen und der Großen Magellanschen Wolke.
**Themen:** Analyse von eigenen Gedankenmustern und Situationen. Das Zeichen lässt denken und entscheiden.
**Leiden:** Harnwegs-Probleme.

*Saturn (Steinbock)*

## Kassiopeia

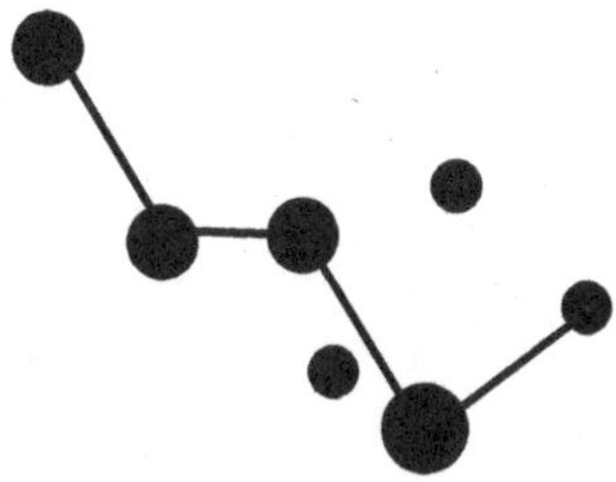

Kassiopeia ist ein auffälliges Sternbild am nördlichen Himmel. Seine fünf Hauptsterne bilden ein gut sichtbares W beziehungsweise M.

**Themen:** Channeln und wahrnehmen. Das Zeichen öffnet den Kanal zum Universum.

**Leiden:** Über- bzw. Untergewicht.

## Adler

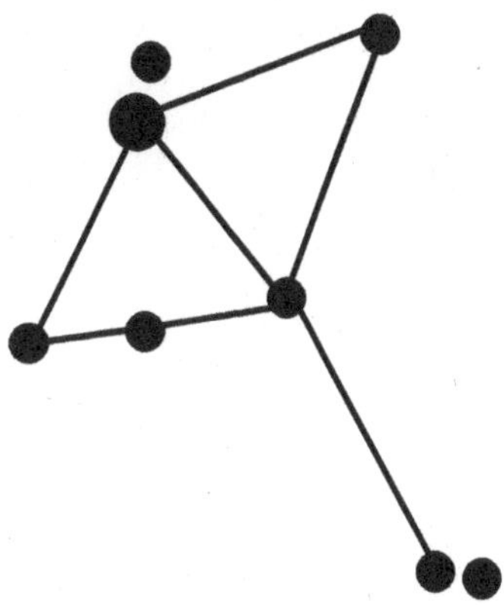

Der Adler ist als markantes Sternbild mit dem sehr hellen Hauptstern Altair am Nordhimmel zu finden.

**Themen:** Erkennen der Ursachen von Dingen, die uns beeinflussen.

**Leiden:** Augenleiden, Psyche.

## Eidechse

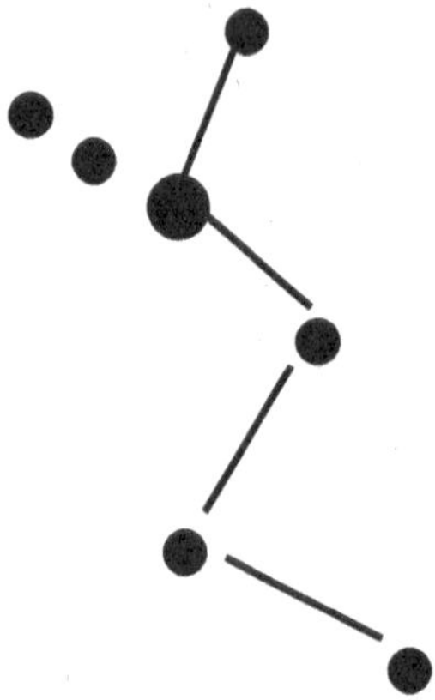

Die Eidechse ist ein unscheinbares Sternbild am nördlichen Himmel, das aus lichtschwachen Sternen besteht.
**Themen:** Transformieren der Energie um und in sich. Das Zeichen ermöglicht die Verarbeitung alter Muster.
**Leiden:** Hautprobleme.

## Indianer (Inder)

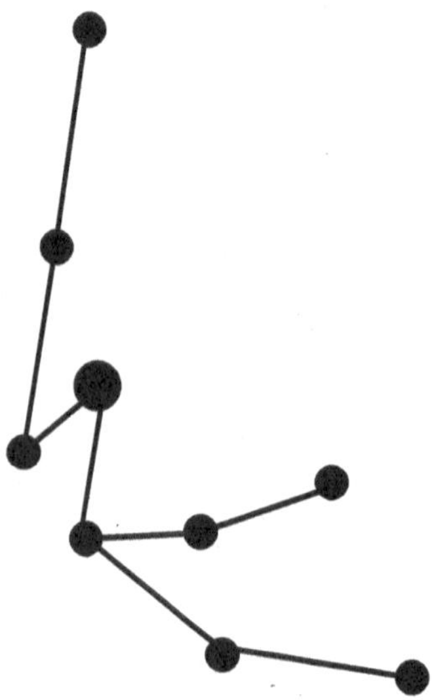

Der Indianer oder Inder ist ein wenig markantes Sternbild des südlichen Himmels.
**Themen:** Arbeit mit den fünf Elementen und schamanisches Wissen. Das Zeichen erinnert an die Gaben aus dem Vorleben.
**Leiden:** Seelische Leiden.

## Winkelmaß

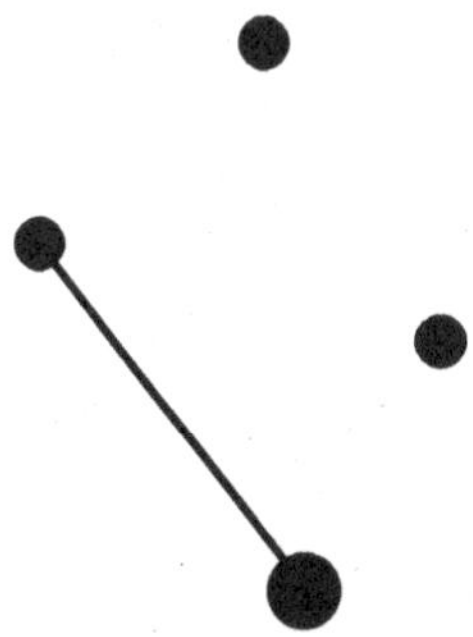

Das Winkelmaß befindet sich im Süden des Skorpions und ist ziemlich unauffällig.
**Themen:** Das Zeichen animiert zu Bewegung und zum Handeln.
**Leiden:** Probleme mit dem Bewegungsapparat (Muskeln, Bänder, Knochen) und allgemeine Schwäche.

## Phönix

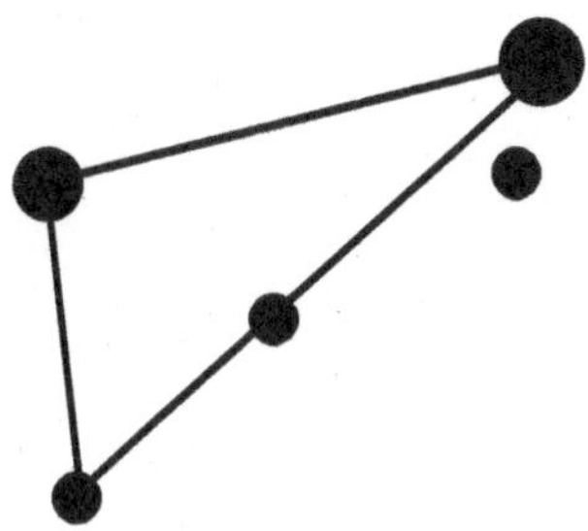

Der Phönix ist ein unspektakuläres Sternbild am südlichen Sternenhimmel.
**Themen:** Abwehr von Magie und gute Kommunikation mit den Mitmenschen.
**Leiden:** Unfälle, Verletzungen.

**(Fluss) Eridanus**

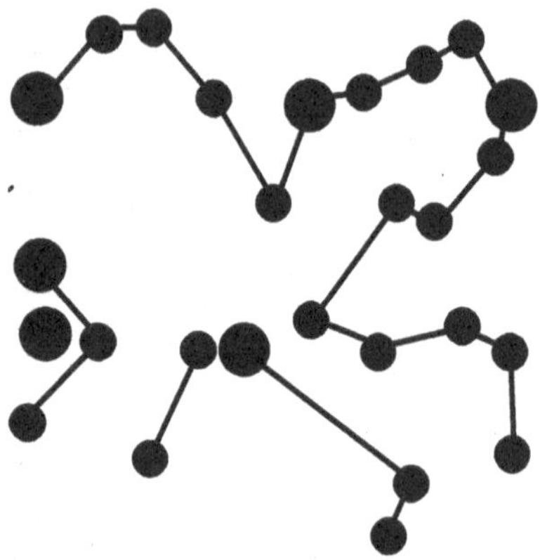

Der Fluss Eridanus ist ein sehr ausgedehntes Sternbild am südlichen Himmel unterhalb des Orion.
**Themen:** Das Zeichen unterstützt die Liebe und Selbstliebe und behebt karmische Probleme in diesem Bereich.
**Leiden:** Probleme mit den Knien und Ellenbogen.

*Uranus (Wassermann)*

**Bärenhüter**

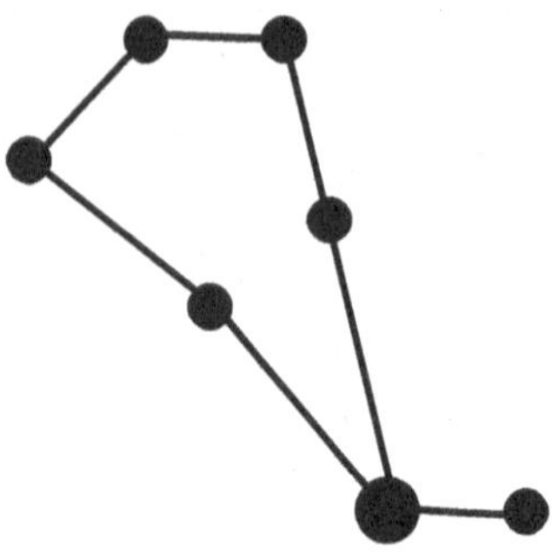

Der Bärenhüter, auch Rinderhüter oder Bootes genannt, ist ein großes helles Sternbild am nördlichen Himmel.
**Themen:** Liebe anziehen, neue Menschen kennenlernen. Das Zeichen zieht wie

ein Magnet neue Menschen ins Leben. Es unterstützt die Kommunikation und macht gesprächig.
**Leiden:** Probleme mit den Beinen.

## Orion

Der Orion ist ein auffälliges Sternbild am Himmelsäquator, das man aufgrund seines »Gürtels« in der Mitte leicht findet.
**Themen:** Los- und Zulassen. Das Zeichen unterstützt dabei, die karmischen Themen zu erkennen und zu handeln.
**Leiden:** Mangel an Energie.

## Großer Hund

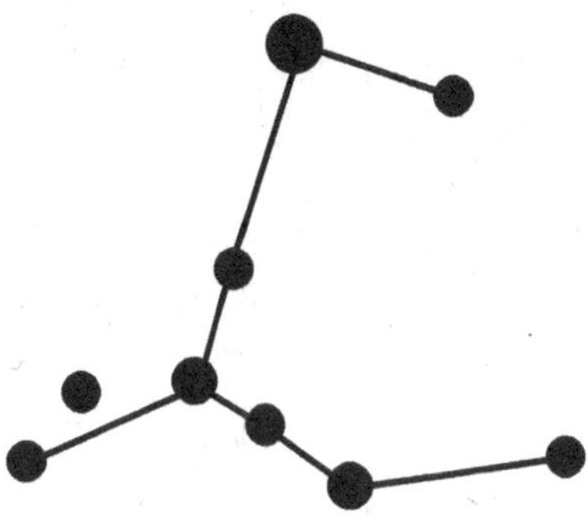

Der Große Hund ist mit Sirius, dem hellsten Stern am Himmel, ein auffälliges Sternbild in der Nähe des Orion.
**Themen:** Kommunikation verbessern und sich austauschen. Das Zeichen unterstützt bei Gesprächen aller Art.

**Leiden:** Gereiztheit, Nervosität und dadurch entstandene körperliche Schmerzen.

## Schiffskiel

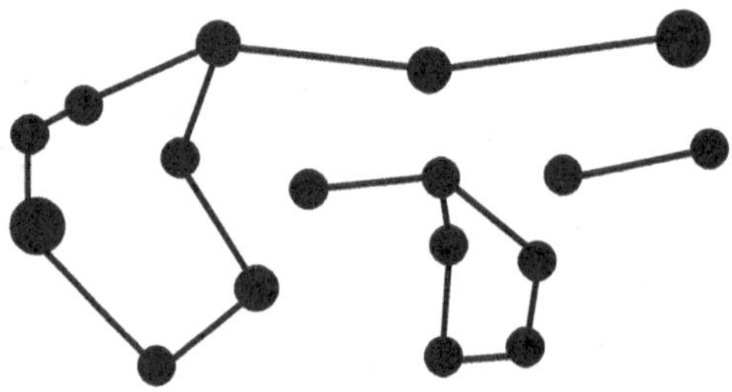

Der Schiffskiel (oder Kiel des Schiffes) ist ein großes Sternbild des südlichen Himmels.
**Themen:** Führen lernen, Verantwortung übernehmen. Das Zeichen fokussiert im Hier und Jetzt.
**Leiden:** Suchtproblematiken.

## Oktant

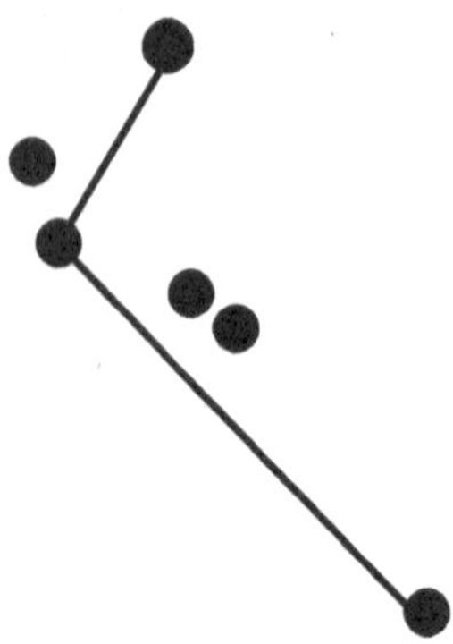

Der Oktant ist ein unscheinbares Sternbild, das sehr nahe am Himmelssüdpol liegt.
**Themen:** Leben verändern, neue Wege suchen. Das Zeichen ermutigt für neue Horizonte.
**Leiden:** Ratlosigkeit, Denkprobleme, Gehirnschwäche.

## Zentaur

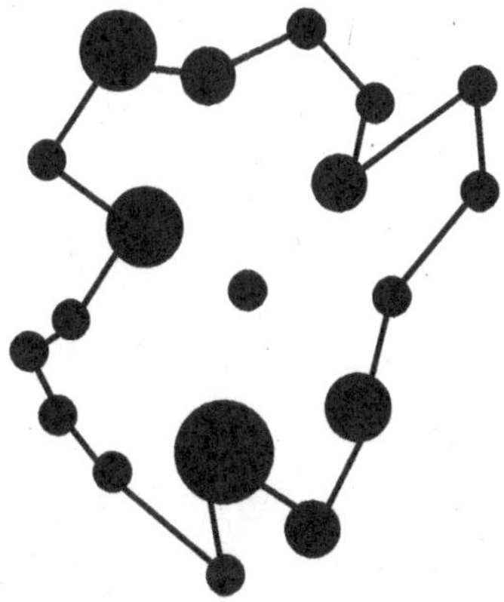

Der Zentaur ist ein großes Sternbild des südlichen Himmels mit hellen Sternen und Kugelsternhaufen.

**Themen:** Karma abtragen. Das Zeichen unterstützt beim Verarbeiten alter Themen.

**Leiden:** Konzentrationsschwierigkeiten.

## Schild

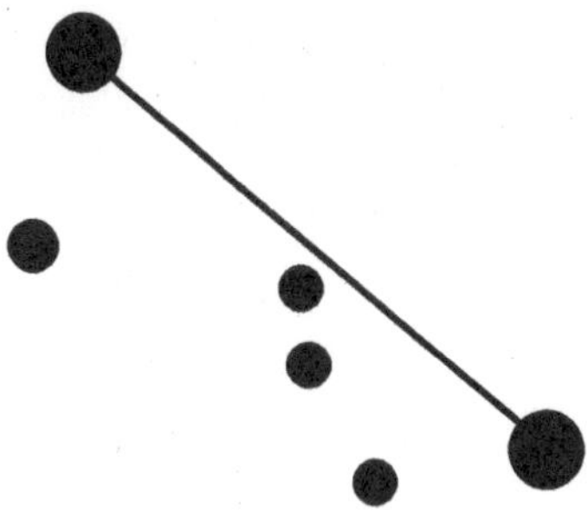

Das Sternbild Schild befindet sich in der Nähe des Himmelsäquators in der Milchstraße.

**Themen:** Allgemeiner Schutz und Schutz vor negativen Ereignissen aus der Vergangenheit.

**Leiden:** Koma, Gehirnschäden.

*Neptun (Fische)*

**Schlange**

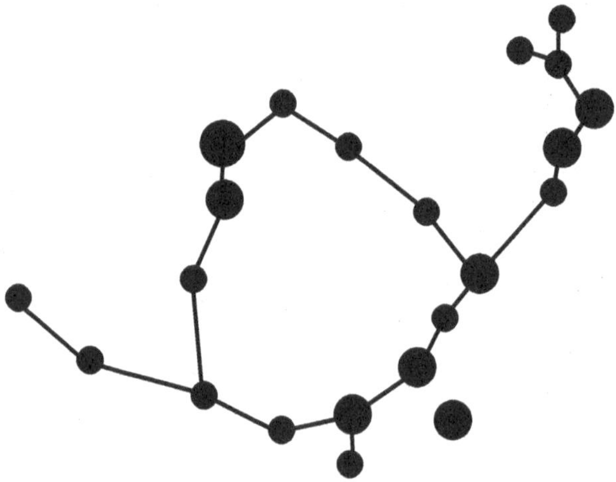

Die Schlange ist das einzige Sternbild am Himmel, das aus den zwei nicht zusammenhängenden Teilen Kopf und Schwanz der Schlange besteht, die vom Schlangenträger unterbrochen werden. Wir verwenden das Bild allerdings mit verbundenen Linien!

**Themen:** Neid und negative Energie. Das Zeichen schirmt ab von negativ denkenden Personen.

**Leiden:** Energielosigkeit.

## Pegasus

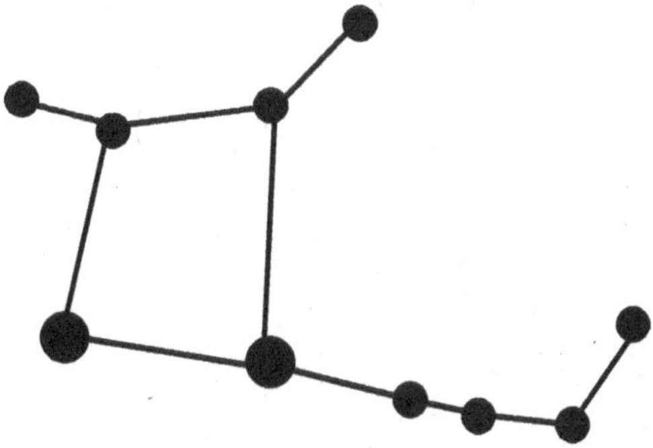

Der Pegasus ist ein großes Sternbild unweit des Himmelsäquators, das im Herbst gut zu sehen ist.
**Themen:** Beruflicher Aufstieg und Vermarktung neuer Ideen.
**Leiden:** Rückenschwäche.

## Wolf

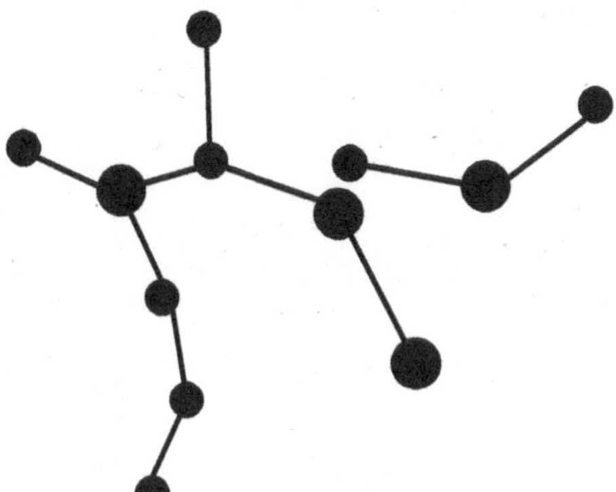

Der Wolf ist ein südliches Sternbild, das von Mitteleuropa aus nicht zu sehen ist.

**Themen:** Familienprobleme lösen und Familienkarma ablegen.
**Leiden:** Probleme mit den Bändern.

## Wasserschlange

Die Wasserschlange ist zwar nicht sehr markant, aber das größte Sternbild am Nachthimmel.
**Themen:** Scheidungsprobleme und Prozesse, die mit dem Loslassen zu tun haben. Das Zeichen lockert die Seele.
**Leiden:** Drüsenprobleme.

## Schwertfisch

Der Schwertfisch ist ein unscheinbares Sternbild am südlichen Himmel.
**Themen:** Schutz vor negativer Energie, aber auch Schutz des Hauses. Das Zeichen kann im Haus ausgelegt werden, um es zu energetisieren.
**Leiden:** Energieverlust.

## Zirkel

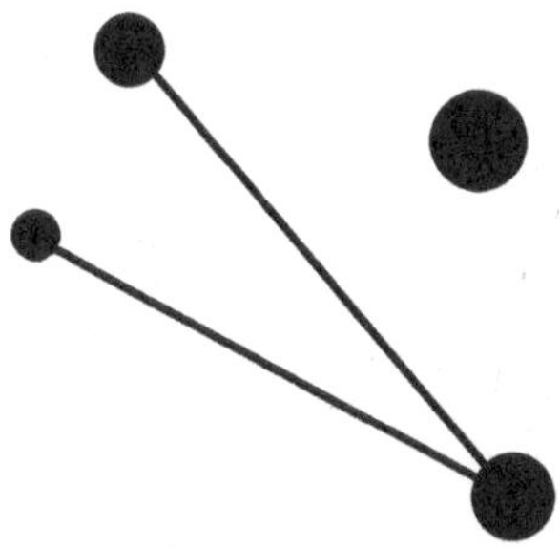

Der Zirkel liegt am Südhimmel zwischen Südlichem Dreieck und Zentaur.
**Themen:** Gedankenkarussell und wirre Gedanken. Das Zeichen fokussiert in der Gegenwart.
**Leiden:** Probleme mit dem Bewegungsapparat.

## Becher

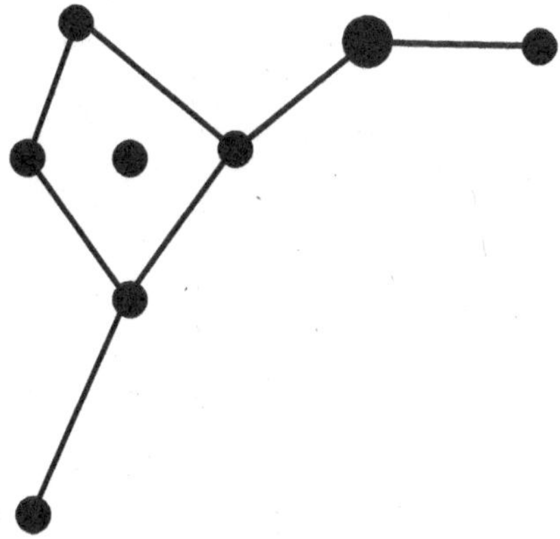

Der Becher ist ein kleines Sternbild am südlichen Himmel.
**Themen:** Fülle im Leben erreichen. Dabei geht es um allgemeine Fülle bezüglich Geld, Erfahrungen und Wissen.
**Leiden:** Seelische Probleme und hormonelle Schwierigkeiten.

*Pluto (Skorpion)*

**Herkules**

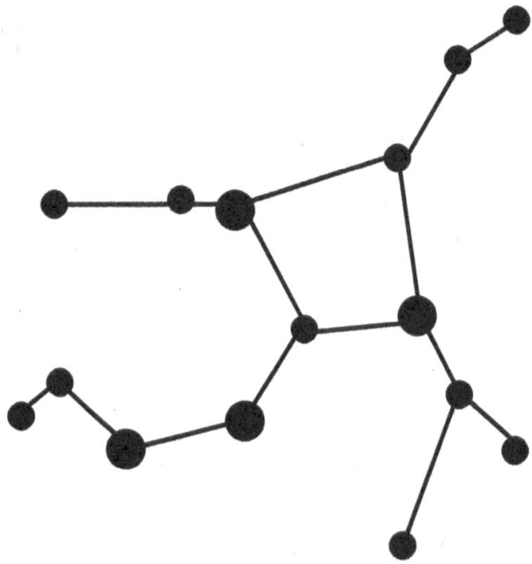

Der Herkules ist das fünftgrößte Sternbild am Himmel. Es liegt am Nordhimmel.

**Themen:** Kraft sammeln und sich bestätigen. Das Zeichen gibt die Zuversicht und den Mut, zu handeln.

**Leiden:** Probleme mit dem Bindegewebe und den Sexualorganen.

## Perseus

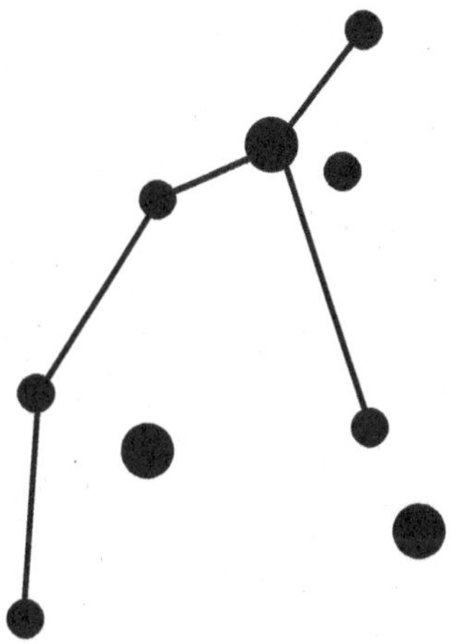

Der Perseus ist ein Sternbild des Nordhimmels, aus dem im August die Sternschnuppen der Persiden zu kommen scheinen.
**Themen:** Entwicklung der Seele und des Geistes.
**Leiden:** Energiestauung allgemein, Kraftlosigkeit.

## Rabe

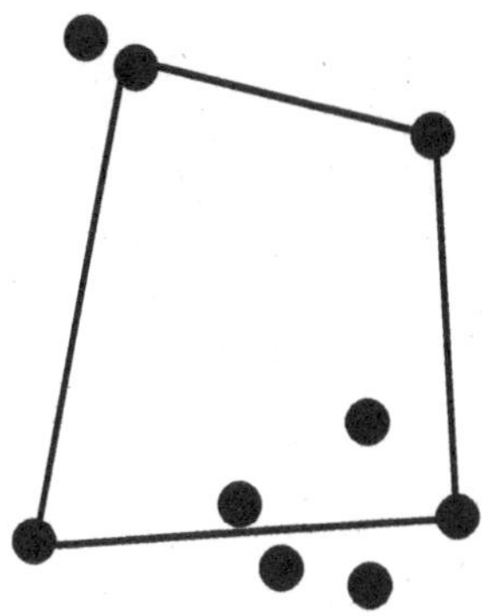

Der Rabe ist ein kleines Sternbild neben dem Becher.
**Themen:** Geistige Kraft aktivieren und mehr im Leben erreichen.
**Leiden:** Altersbeschwerden.

**Wal**

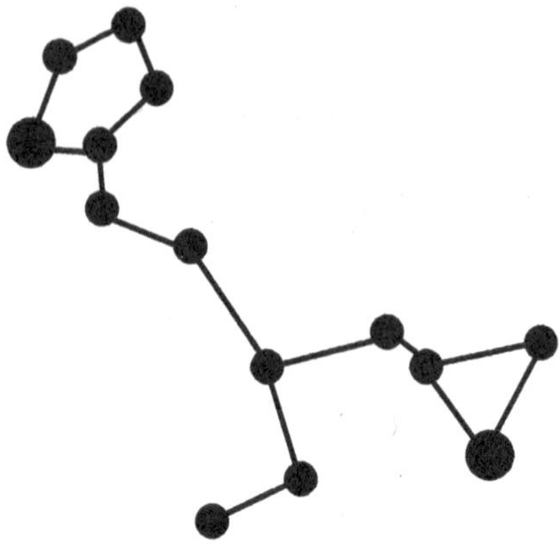

Der Wal ist ein sehr ausgedehntes, aber unauffälliges Sternbild in der Nähe des Himmelsäquators.
**Themen:** Kraft tanken. Das Zeichen sorgt für mehr Power im Leben.
**Leiden:** Übergewicht.

**Pfau**

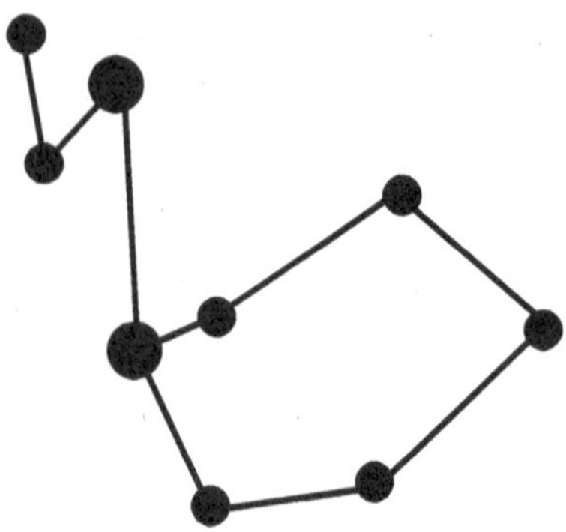

Der Pfau ist ein nicht sehr markantes Sternbild am Südhimmel.
**Themen:** Schönheit ausstrahlen. Das Zeichen hat mit Selbsterkenntnis zu tun.
**Leiden:** Haut-, Haar- und Nagelprobleme.

## Teleskop

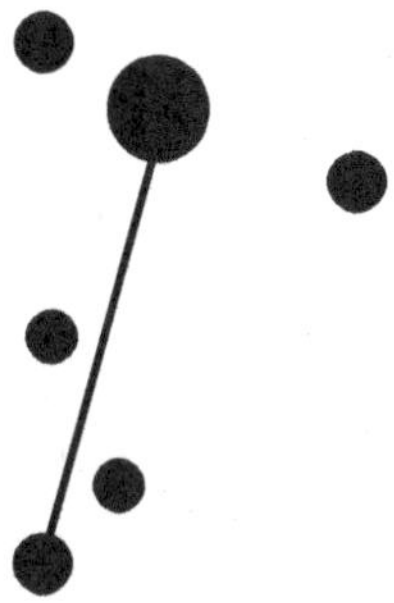

Das Teleskop ist ein unscheinbares Sternbild im Süden des Schützen.
**Themen:** Aura stärken und neue Energie tanken. Das Zeichen kann als Schutzzeichen angesehen werden.
**Leiden:** Befall mit Viren und Bakterien.

## Chamäleon

Das Chamäleon ist ein sehr unscheinbares Sternbild in der Nähe des himmlischen Südpols.
**Themen:** Sich anpassen und die Welt um sich herum wahrnehmen. Das Zeichen gleicht die eigenen und Umweltenergien aus.
**Leiden:** Hautprobleme.

*Erde*

**Jagdhunde**

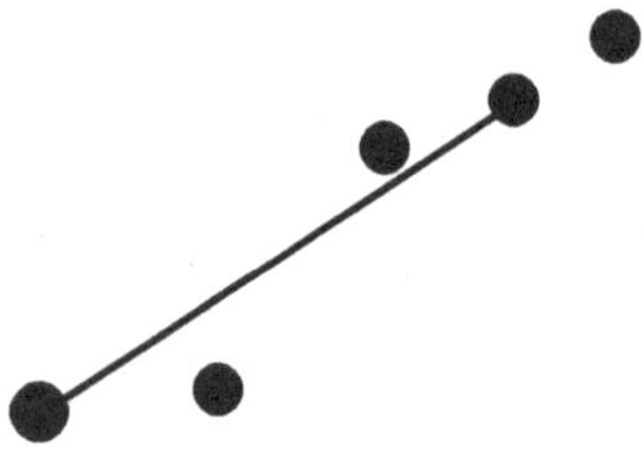

Die Jagdhunde sind ein wenig auffälliges Sternbild am Nordhimmel.
**Themen:** Tiefgründig denken und handeln. Das Zeichen aktiviert die Fähigkeit zur Analyse und lässt die Ursachen eines Leidens erkennen.
**Leiden:** Autismus.

**Schlangenträger**

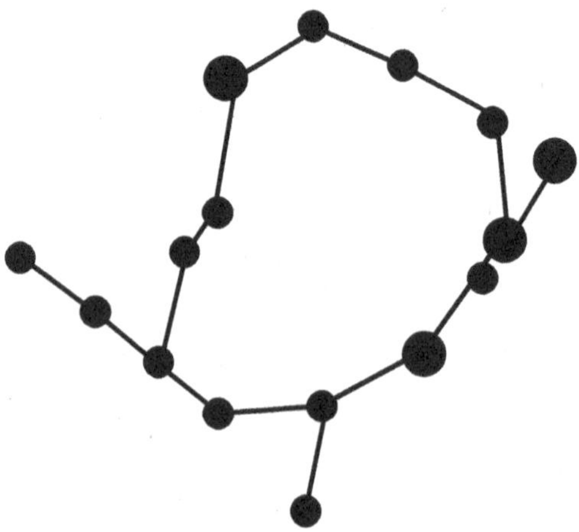

Der Schlangenträger ist ein großes, aber wenig auffälliges Sternbild, von dem zwei Teile der Schlange ausgehen.

**Themen:** Planen und erziehen. Das Zeichen unterstützt bei der Korrektur des Familienkarmas.
**Leiden:** PMS (prämenstruelles Syndrom), ADHS.

### Luchs

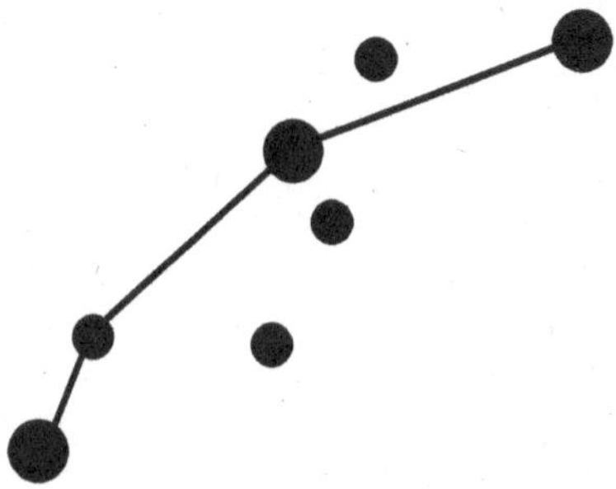

Der Luchs ist ein unauffälliges Sternbild am Nordhimmel.
**Themen:** Das Zeichen macht klug und verschafft in verschiedenen Lebenssituationen den Durchblick.
**Leiden:** Hüftleiden.

### Nördliche Krone

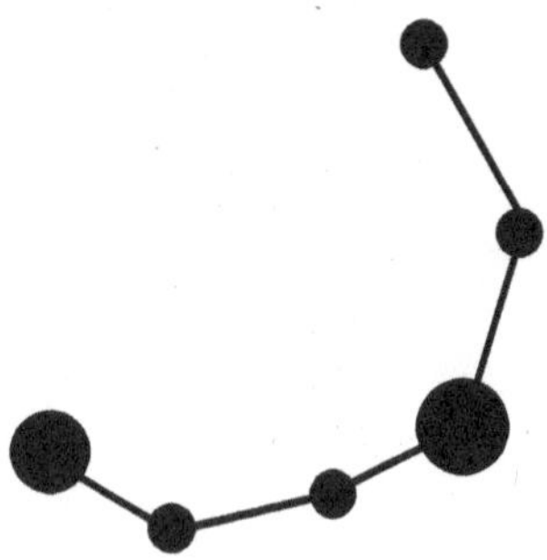

Die Nördliche Krone ist zwar relativ klein, aber markant. Sein hellster Stern heißt Gemma (Edelstein).
**Themen:** Allgemeiner Durchblick und besseres Verstehen.
**Leiden:** Allgemeine Schwächezustände.

## Segel des Schiffs

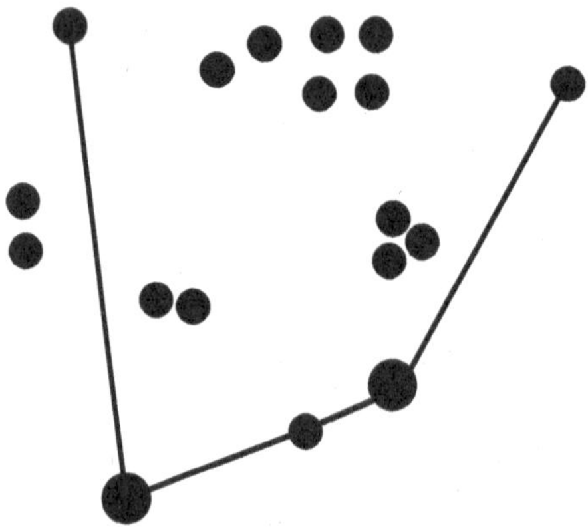

Das recht große Sternbild der südlichen Hemisphäre gehörte zum antiken Sternbild Argo Navis (Schiff der Argonauten). In ihm liegen mehrere Sternhaufen.

**Themen:** Etwas im Leben bewegen, sich bewegen und mutig agieren.

**Leiden:** Seelenleiden, Nervenprobleme.

## Bildhauer

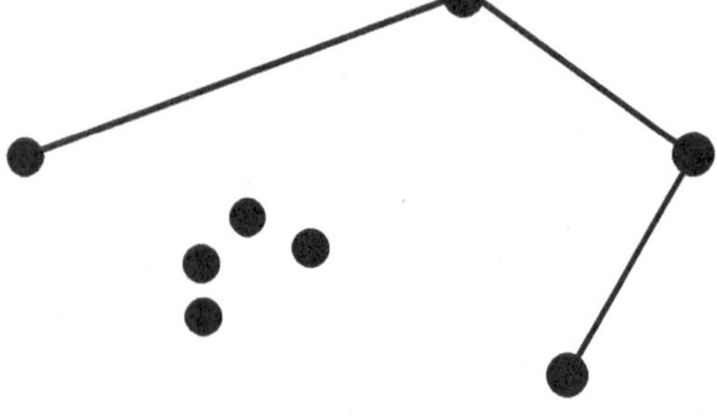

Der Bildhauer ist ein unscheinbares Sternbild, in dem der galaktische Südpol liegt.
**Themen:** Das eigene Leben verändern und mehr genießen.
**Leiden:** Tendenz zu Realitätsverlust.

## Pendeluhr

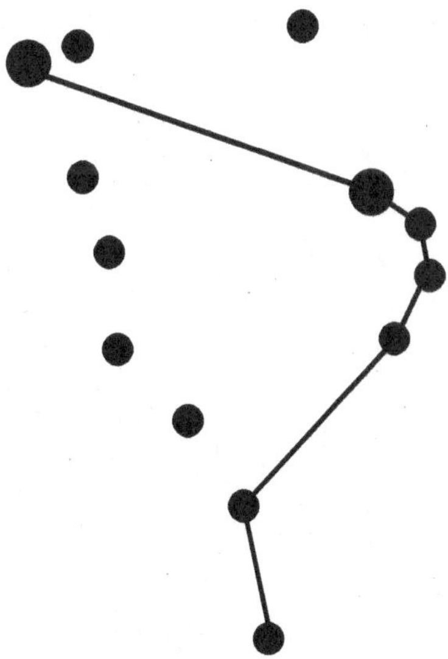

Die Pendeluhr ist ein dunkles Sternbild, das am südlichen Himmel liegt.
**Themen:** Entscheiden lernen und handeln. Das Zeichen befreit von Einsamkeit und verbessert die Kommunikation mit den Mitmenschen.
**Leiden:** Seelische Belastungen, Ängste vor der Zukunft.

*Die 12 Sternbilder des Tierkreises*

**Widder**

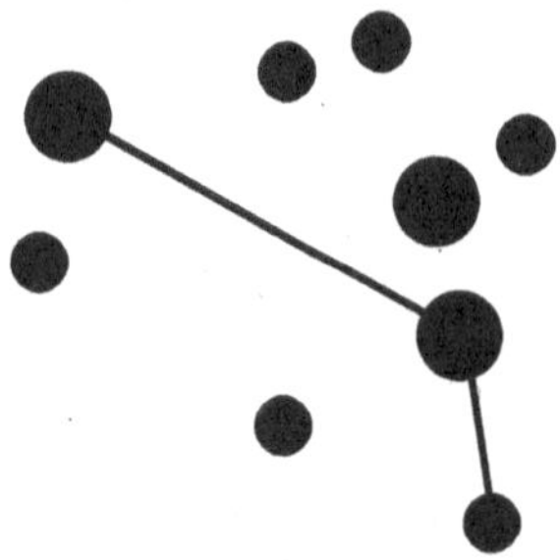

Der Widder ist ein kleines, allerdings einprägsames Sternbild. Seine helleren Sterne bilden eine geknickte Linie.
**Thema:** Beruf, Suche

**Stier**

Das an ein V erinnernde Sternbild Stier liegt am nördlichen Winterhimmel. Es enthält die Sternhaufen der Plejaden und der Hyaden.
**Thema:** Sicherheit

## Zwillinge

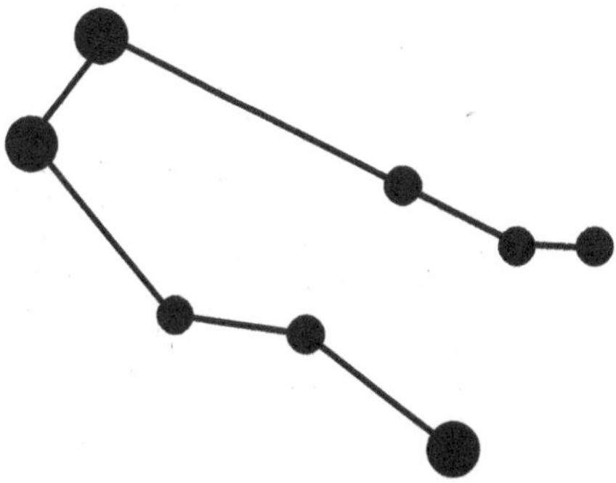

Das Sternbild Zwillinge ähnelt einem lang gezogenen Rechteck mit zwei hellen Sternen. Deren Namen Kastor und Pollux erinnern an die Zwillinge der griechischen Mythologie.
**Thema:** Klarheit

## Krebs

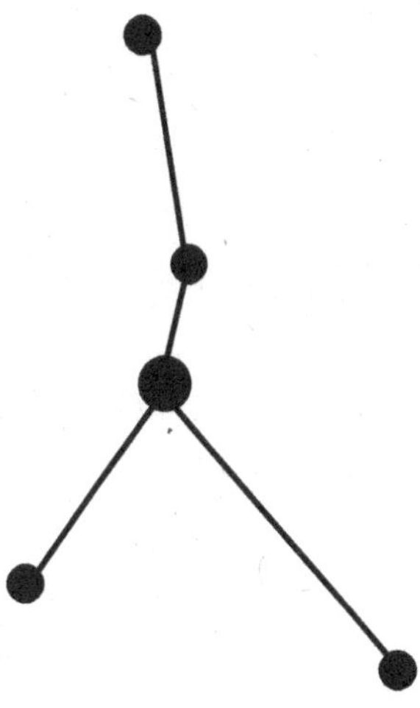

Der Krebs ist ein unspektakuläres Sternbild neben dem Löwen, das aus relativ lichtschwachen Sternen besteht.
**Thema:** Liebe

**Löwe**

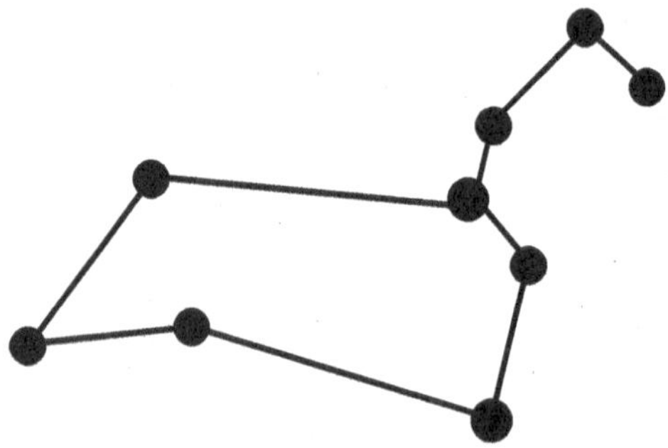

Der Löwe ist ein markantes Sternbild, dessen Sterne an einen Löwen erinnern. Im Frühling kann man ihn relativ leicht finden.
**Thema:** Führung

**Jungfrau**

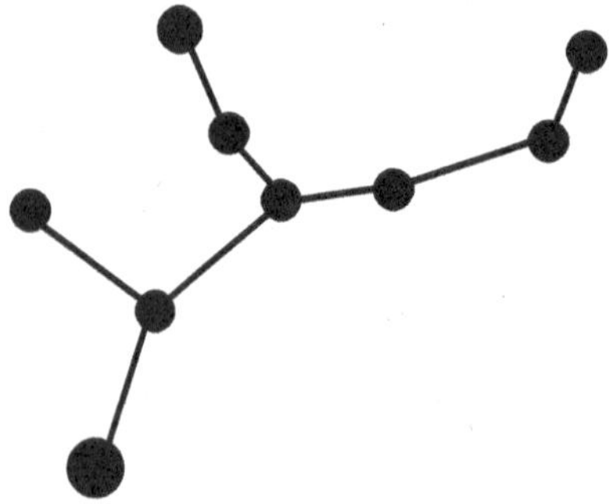

Die Jungfrau ist das zweitgrößte Sternbild am Himmel und das größte des Tierkreises. Es stellt eine liegende Frau dar.
**Thema:** Details erkennen

## Waage

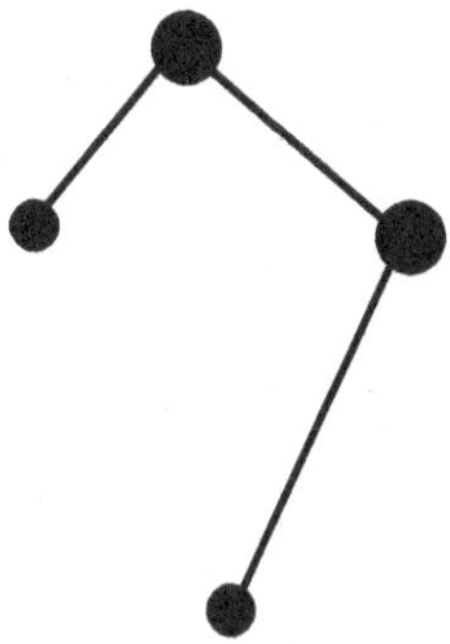

Die Waage ist ein Sternbild zwischen dem Skorpion und der Jungfrau und soll deren Waagschalen der Gerechtigkeit halten.
**Thema:** Ausgleichen

## Skorpion

Der Skorpion ist ein großes Sternbild am südlichen Nachthimmel. Die charakteristisch gewundene Kette von Sternen erinnert an einen Skorpion mit Scheren und Stachel.
**Thema:** Los- und Zulassen

## Schütze

Der große Sternbild Schütze ist das südlichste Tierkreiszeichen nahe am Zentrum unserer Galaxis.
**Thema:** Entscheiden

## Steinbock

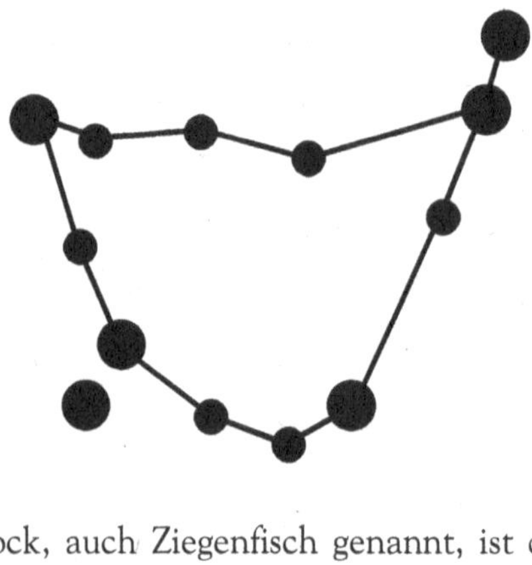

Der Steinbock, auch Ziegenfisch genannt, ist das kleinste Sternbild des Tierkreises und besteht aus eher unauffälligen Sternen.
**Thema:** Ideen umsetzen

## Wassermann

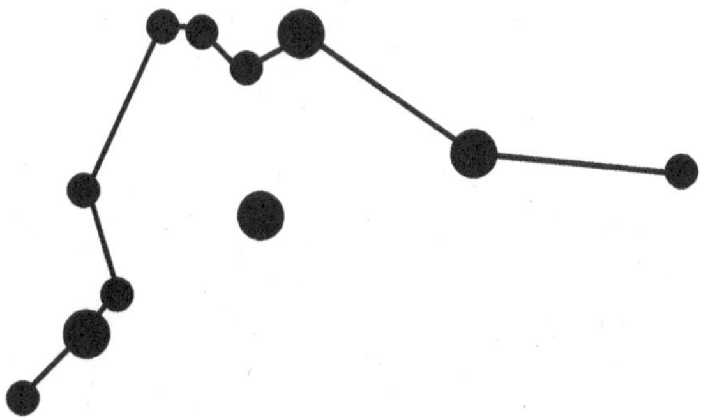

Der Wassermann ist ein großes, aber eher dunkles Sternbild, das auf der Nordhalbkugel den Herbst ankündigt.
**Thema:** Geld

## Fische

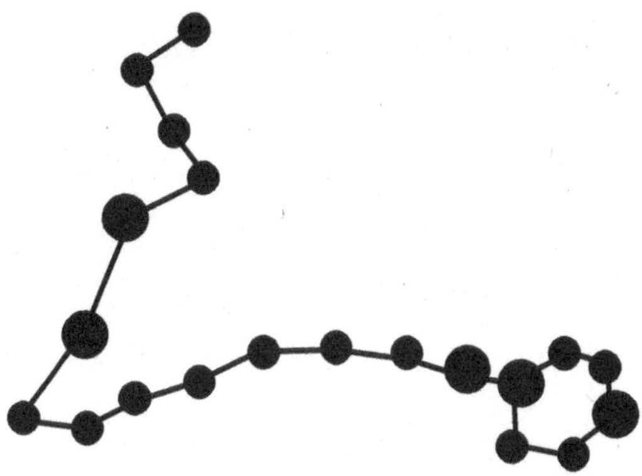

Das ausgedehnte Sternbild Fische ist relativ dunkel und hat optisch kaum mit Fischen zu tun.
**Thema:** Spiritualität

# METHODEN ZUR VERBESSERUNG UNSERES KARMAS

## Übungen für die Karmaverbesserung

In diesem Teil des Buches möchte ich Ihnen verschiedene Übungen vorstellen, die Ihr Karma verbessern. Ich als Schamane arbeite täglich mit dem Schutz der seelischen Energie und mit der Karma-Umwandlung. Hier hilft mir besonders der sogenannte Schutzkreis. Man kann ihn täglich für sich aktivieren. Ich führe die Aktivierung gleich in der Früh durch. Stellen Sie sich einfach gerade hin, am besten in der Mitte eines Zimmers, und schließen Sie Ihre Augen. Stellen Sie sich vor, dass vier Diamanten um Sie herum platziert sind. Einer davon ist direkt vor Ihnen, der zweite hinter Ihnen, die restlichen zwei befinden sich rechts und links von Ihnen. Stellen Sie sich nun vor, diese vier Diamanten strahlen eine unheimliche Energie aus. Diese Energie wird von Ihrem Energiefeld aufgenommen und in Ihrer Aura gespeichert. Genießen Sie den Zustand gute fünf Minuten lang. Danach können Sie Ihre Augen aufmachen und in den Tag starten.

Jeder Mensch ist besonders und einzigartig. Wir bestehen aus Körper, Geist und Seele und sind alle verschieden. Doch jeder Mensch ist auch ein Teil Gottes und nicht nur ein denkendes Tier. Das Leben ist durch einen gezielten Willen entstanden und hat mit einem Chaos eher wenig zu tun. Doch was oder wer steckt dahinter? Gott? Das Universum oder Energie? Wie wir diese Kraft nennen, spielt keine große Rolle. Doch ohne diese Kraft wäre Leben nicht möglich. Ich nenne sie kosmische Kraft und Karma. Daher ist es sehr wichtig, sich mit Transzendenz bewusst zu beschäftigen und zu analysieren. Glauben Sie nicht alles, was Sie sehen. Glauben Sie lieber an die Dinge, die Sie spüren und wahrnehmen. So verarbeiten Sie Ihr Karma automatisch. Und es ist die beste Übung, um das Karma zu bewältigen.

Die Menschen sind Individuen, jeder entwickelt sich durch seine seelische Kraft anders und auf jeweils eigene Weise. Wir denken und sehen verschieden. Wir können in derselben Stadt leben, und doch haben wir eine unterschiedliche Wahrnehmung von dieser Stadt. Wir bekommen auch verschiedene Erkrankungen oder Probleme. Das liegt meines Erachtens nicht an der Umwelt, die uns umgibt, sondern vielmehr an der Innenwelt von uns Menschen – sprich, alles kommt aus der eigenen Seele. Die Seele ist ein unsterblicher Teil unseres Wesens. Nicht umsonst sagen wir, dass jemand eine reine Seele besitzt oder ein anderer eine schwarze Seele hat. Die Seele besteht aus Gefühlen und Emotionen und verbindet den Geist und den Körper jedes Individuums. Um die eigene Seele zu nähren, brauchen wir nur etwas Zeit und den Willen dazu. Probieren Sie es einfach aus: Setzen Sie sich hin und schließen Sie Ihre Augen. Legen Sie eine Hand auf Ihre Herzgegend und sprechen Sie Ihre Seele direkt an. Sagen Sie ihr, dass Sie sie ehren und lieben. Bitten Sie sie um Verzeihung für Ihre Fehler. Sie werden sofort merken, dass es Ihnen besser geht und dass Sie besseren Zugang zu Ihrer Seele bekommen.

Versuchen Sie, das Verzeihen zu spüren. Das ist eine gewaltige Energie, die Ihr Karma im Handumdrehen verarbeitet. Ich empfehle Ihnen, diese Übung einmal am Tag zu machen, am besten zehn Tage nacheinander.

Zu Ihrer Seele gehören Ihr Geist und Ihr physischer Körper. Sie bilden eine Einheit. Auch die Chakren und Ihre Aura sind ein Bestandteil von Ihnen. Das Wissen über die Seele, den Geist, die Chakren und die Aura ist sehr alt. In der Zeit der Energieverschiebung, die jeder mittlerweile am eigenen Leib erlebt, ist es wichtig, das eigene Energiekostüm nicht nur sauber zu halten, sondern auch zu erweitern. Ich möchte Ihnen zeigen, wie das geht und wie Sie Ihre Seele stärken und schützen können. Der Geist hat sich dazu entschlossen, auf die Erde zu kommen. Er machte sich auf die Reise zu ihr und sammelte auf dem Weg alle Erkenntnisse und Lernaufgaben um sich herum, die nun Ihre Seele formen. Diese zwei Materien verschmolzen und besiedelten danach Ihren physischen Körper mit seinen Chakren und seiner Aura. Doch was genau sind Chakren, und was ist die Aura, und wie funktionieren diese heute? Unser Energiekostüm, wie ich die Aura nenne, ist mit unseren Chakren verbunden und spielt in unserem Dasein eine große Rolle. Die Aura nimmt Energie von außen auf und verteilt sie im Körper und in der Seele. Sie schützt somit unsere Seele vor energetischen Angriffen. Die Chakren wiederum liefern unserer Aura und auch unserem physischen Körper die notwendige Energie. Man kann sie sich bildlich wie Strudel vorstellen. Neben dem Hauptsystem aus sieben Chakren (Wurzel-, Sexual- oder Sakral-, Solarplexus-, Herz-, Hals-, Stirn- und Scheitel- oder Kronenchakra) gibt es eine größere Anzahl weiterer »Unterchakren«. In ihrer Arbeit verwenden die meisten Heiler jedoch nur die sieben Hauptchakren. Diese sollten stets offen sein. Bei blockierten Chakren spricht man von Krankheit. Die Chakren versorgen uns mit der lebenswichtigen kosmischen Energie und stellen Energiezentren dar, die für das Gleichgewicht von Körper, Geist und Seele sorgen. Die Chakren kontrollieren unsere Organe und geben Ihnen Energie. Bei einer Fehlfunktion der Chakren werden die lebenswichtigen Organe sowie die Psyche energetisch unterversorgt und können erkranken. Folglich sind die Chakren für die ordnungsgemäße Funktion unseres Körpers verantwortlich. Sie sind zwar nicht sichtbar, Sie können jedoch lernen, jedes Chakra zu spüren. Machen Sie dazu folgende Übung: Legen Sie Ihre beiden Hände auf einen Chakrabereich und stellen Sie sich die dazugehörige Chakrafarbe vor (Wurzelchakra: rot, Sakralchakra: orange, Solarplexuschakra: gelb, Herzchakra: grün, Halschakra: blau, Stirnchakra: violett, Kronenchakra: weiß). Zum Beispiel legen Sie die Hände auf Ihr Steißbein und erspüren seine strahlende rote Farbe. Gehen Sie alle Chakren durch. Statt Farben können Sie sich auch Blumen vorstellen, die sich langsam entfalten.

Eine karmische Heilung geschieht immer durch eine Selbstanalyse und das Nutzen von Werkzeugen. In Russland arbeitet jeder Heiler mit Salz. Salz gilt als Vernichter von negativen Energien. Ich möchte Ihnen hier eine Salzmethode aus der Baba-Walja-Heilung vorstellen, die ebenfalls mit den Chakren arbeitet: Nehmen Sie ein Kilo feines Kochsalz. Teilen Sie diese Menge in sieben Teile, die Sie in sieben Beutelchen füllen. Beschriften Sie die Beutel mit den Zahlen von 1 bis 7. Reiben Sie mit dem Salz aus den Beuteln täglich je drei Minuten lang Ihre sieben Chakren ein, und zwar auf folgende

Weise: Mit dem Salz aus dem ersten Beutel reiben Sie das 1. Chakra (Wurzelchakra, Unterleib beim Steißbein) ein, mit dem Salz aus dem zweiten Beutel das 2. Chakra (Sakralchakra, Bauchnabelbereich), mit dem Salz aus dem dritten Beutel das 3. Chakra (Solarplexuschakra, Oberbauchbereich), mit dem Salz aus dem vierten Beutel das 4. Chakra (Herzchakra, Mitte des Brustkorbs), mit dem Salz aus dem fünften Beutel das 5. Chakra (Halschakra, auf der Höhe der Kehle) und mit dem Salz des sechsten Beutels das 6. Chakra (Stirnchakra, Stirnmitte über den Augenbrauen). Anschließend geben Sie das Salz wieder in den jeweiligen Beutel zurück. Das Salz des siebten Beutels für das 7. Chakra (Kronenchakra, am Schädel über dem Kopf) lassen Sie im Beutel und halten diesen eine Minute lang über Ihren Kopf. Nach sieben Tagen mischen Sie das Salz aus allen sieben Beuteln zusammen und vergraben es.

Hier ist eine weitere interessante Übung zum Spüren der Energiezentren: Stellen Sie sich gerade hin. Falten Sie nun die Hände wie zum Gebet. Führen Sie die Hände in dieser Haltung vor Ihr Herz. Bewegen Sie sie dann vor und zurück, zum Körper hin und von ihm weg, ohne ihn zu berühren. Sie können schon nach zwei Minuten das Herzchakra fühlen. Achten Sie dabei auf Ihre Emotionen und Empfindungen.

Noch eine Übung mit der Farbe Gelb: Nach einem schwierigen Tag stellen Sie sich vor, dass Sie Ihrem (im Normalfall grünen) Herzchakra eine gelbe Farbe verleihen. Die gelbe Frequenz entspannt und sättigt den gesamten Körper. Sie werden merken, dass Sie verloren gegangene Kraft innerhalb von ein paar Minuten wiederfinden.

Eine weitere Übung zum Energietanken trägt den interessanten Namen »Die acht Kühe«. Diese Übung lädt Ihre Energiereserven auf und erdet Sie sofort. Stellen Sie sich gerade hin. Stellen Sie den rechten Fuß etwas weiter nach vorn und den linken Fuß etwas weiter nach hinten. Verlagern Sie Ihr Gewicht auf den rechten Fuß. Legen Sie Ihre linke Hand mit dem Handrücken auf Ihr Steißbein. Strecken Sie nun die rechte Hand mit nach oben zeigender Handfläche vor sich aus. So können Sie Energie tanken. Wollen Sie sich schützen und erden, drehen Sie Ihre Handfläche um, sodass sie zum Boden zeigt. Das erdet Sie sofort. Will Sie ein Übungspartner nun nach vorne ziehen, bleiben Sie stehen. Das erklärt den eigenartigen Namen der Übung: Man sagt nämlich, dass Sie in diesem Moment nicht einmal acht Kühe vom Fleck bekommen würden. Diese Übung sollte man zehn Minuten täglich machen.

Wenn Sie Ihr eigenes Karma verbessern, verbessert sich automatisch auch Ihre Ausstrahlung, weil Ihr Aurafeld stärker wird. Wenn Sie wiederum Ihre Aura stärken, verbessern Sie auch Ihr Karma. Sie können durch Auraübungen also Ihr Karma korrigieren. Eine Möglichkeit, um die Aura zu stärken, ist die Arbeit mit den eigenen Handflächen. Das ist einfach und braucht ganz wenig Zeit. Ich empfehle, diese Übung einmal täglich an zehn aufeinanderfolgenden Tagen zu machen. Setzen Sie sich bequem hin und massieren Sie die Mitte Ihrer linken Handinnenseite mit einem Finger der rechten Hand. Sagen Sie sich innerlich: »Mein Karma ist gut.« Machen Sie dasselbe mit der anderen Hand. In der Regel reichen zwei bis drei Minuten pro Hand.

Betrachten Sie nun Ihre rechte Hand. Sie repräsentiert die männliche Seite Ihrer Seele, also das, was Sie erschaffen haben. Sehen Sie Ihre drei Haupt-Handlinien an. Das sind die Lebenslinie, die Kopflinie und die Herzlinie. Diese Linien sind wie Antennen des Karmas und können gewisse neue Informationen bringen, wenn man sich mit ihnen bewusst beschäftigt.

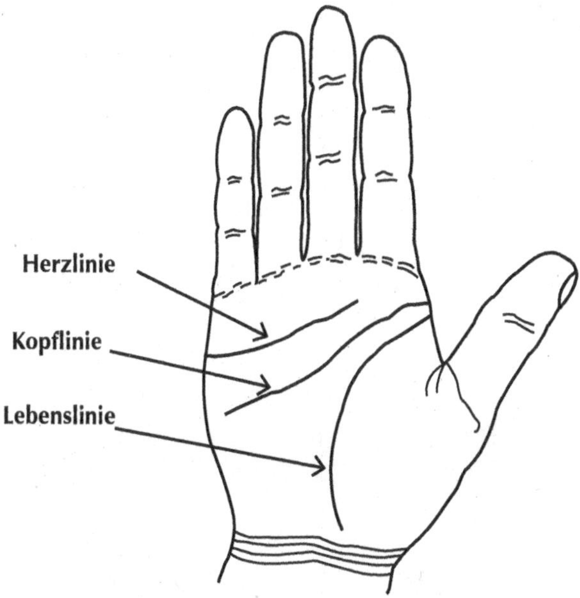


Die Lebenslinie ist Ihr Lebensweg. Sie beinhaltet verschiedene Programme. Die Lebenslinie befindet sich am Daumenballen. Sie deutet keineswegs auf die Dauer des Lebens hin, sondern symbolisiert eher die Liebe zum Leben. Bei Säuglingen ist diese Linie als Erste zu sehen. Sie entsteht beim Fötus in der 8. Woche der Schwangerschaft.

Die über ihr liegende Kopflinie weist auf Ihren Intellekt hin. Je länger diese Linie ist, desto klüger sollten Sie sein. Es gibt natürlich auch Ausnahmen. Ein Mensch mit einer sehr langen Linie des Denkens hat immer neue Ideen, viel Initiative, diese Ideen in die Tat umzusetzen, und kann mit vielen Problemen im Leben schnell fertig werden.

Die über der Kopflinie liegende Herzlinie symbolisiert die Gefühlswelt eines Individuums. Je länger diese Linie ist, desto romantischer und gefühlvoller ist die Person.

Nehmen Sie nun einen Stift mit oder ohne Farbe und zeichnen Sie erst einmal alle drei Linien auf Ihrer rechten Hand nach. Sie können für diesen Zweck auch eine Stricknadel nehmen. Ziehen Sie alle Linien dreimal nach und denken Sie an Ihr positives Karma. Anschließend übertragen Sie die Linien auf ein Blatt Papier. Sie können Ihre Hand auch abfotografieren und als Bild ausdrucken. Schreiben Sie an die Lebenslinie Ihr vollständiges Geburtsdatum, z.B. 12.5.1980. An die Kopflinie schreiben Sie das Wort »Wissen« und auf die Herzenslinie das Wort »Liebe«. Immer, wenn Sie einen Wunsch haben, können Sie ihn auf dem Blatt mit der Hand ergänzen. So werden Ihre Antennen (die Handlinien) die Wünsche zum Universum transportieren und Ihr Karma verbessern.

Hier ist die nächste Übung, um Ihr Karma zu bewältigen. Sie hat mit Loslassen zu tun. Das Thema Loslassen ist sehr wichtig, um das Karma zu erneuern. Falten Sie Ihre Hände kurz wie zu einem Gebet. Konzentrieren Sie sich auf Ihre Gegenwart. Sehen Sie sich um. Nehmen Sie wahr, was Sie umgibt. Betrachten Sie alle Gegenstände im Zimmer, in dem Sie sitzen, oder in der Natur, wenn Sie die Übung draußen machen. Sagen Sie sich innerlich: »Ich lasse alles los. Das, was mich belastet, hat keinen Platz in meinem Leben. Ich liebe mich und die Natur und verarbeite mein Karma nach und nach.«

Nun möchte ich Ihnen noch ein Thema ans Herz legen, das ein Bestandteil jedes guten Karmas ist. Es geht um den sogenannten Quantenraum der Seele. Man kann ihn als Reserveraum bezeichnen. Jeder Mensch hat so eine »Reserve« in seiner Seele. Dort liegt Energie für schwere Zeiten, weshalb ich den Quantenraum gern mit einem Energietresor vergleiche. Er befindet sich in Ihrem Herzchakra. Sie können diesen Raum immer wieder füllen, was wiederum Ihr Karma verbessert. Setzen Sie sich für diese Übung einfach bequem hin und schließen Sie Ihre Augen. Legen Sie Ihre rechte Hand auf Ihre Herzgegend und hören Sie auf Ihren Herzschlag. Nach einer Minute stellen Sie sich Ihr Herz als ein Haus mit mehreren Zimmern vor. Suchen Sie sich ein Zimmer aus. Gehen Sie gedanklich täglich in diesen Raum und lachen Sie dort. Bringen Sie im Geiste Blumen, Edelsteine oder Schmuck hinein. Nach einer gewissen Zeit werden Sie merken, dass das Zimmer voller Blumen, Schmuck und Edelsteine ist, wie eine Schatzkammer. Nun haben Sie Ihren Quantenraum erschaffen. Sie können ihn immer wieder besuchen, besonders dann, wenn es Ihnen gerade nicht gutgeht. Bringen Sie immer etwas hinein und legen Sie es dort ab. Der Quantenraum ist nun lebendig und schenkt Ihnen Energie und Zuversicht.

## Meditationen für die Karmaverbesserung

Auch durch Meditationen können Sie Ihr Karma aufwerten. Eine Meditation, die ich gerne selbst mache, dauert nicht lang, ist jedoch sehr wirksam. Setzen Sie sich bequem hin und schließen Sie Ihre Augen. Entspannen Sie sich voll und ganz. Stellen Sie sich vor, dass Ihr Karma als Mensch vor Ihnen steht und weint. Atmen Sie tief ein und aus. Fragen Sie das Karma, was es Ihnen mitteilen will, und fragen Sie es, wie Sie ihm helfen können. Dieser Dialog dauert meistens zwei bis drei Minuten. Anschließend umarmen Sie das Karma in Ihrer Vision und sagen ihm, dass Sie es lieben und ihm dankbar sind für all die Erfahrungen, die Sie sammeln durften. Lassen Sie das Karma nun los und sehen Sie es sich an. Es lächelt nun. Verabschieden Sie sich von ihm. Das Karma geht seinen Weg und verschwindet in der Vision. Atmen Sie noch einmal tief ein und aus und öffnen Sie Ihre Augen. Wiederholen Sie diese kurze Meditation täglich an zehn aufeinanderfolgenden Tagen.

Eine weitere Möglichkeit, um das eigene Karma zu verbessern und zu erkennen, kann durch folgende Meditation erreicht werden: Setzen Sie sich bequem hin und schließen Sie sanft Ihre Augen. Stellen Sie sich vor, Sie befinden sich auf einer Wiese. Diese Wiese ist wunderschön und voller Blumen und Gräser. In der Mitte dieser Wiese steht ein breiter Tisch mit einigen Büchern. Gehen Sie in Ihrer Vision zu diesem Tisch. Sehen Sie sich die auf ihm liegenden Bücher an. Auf einem Buch steht Ihr Name. Nehmen Sie das Buch in die Hände und blättern Sie es durch. Es ist das Buch Ihres Lebensplanes (Karmas). Sie erkennen darin, wie es mit Ihrem Karma im Moment aussieht. Sie sehen viele Bilder in diesem Buch. Sagen Sie in Ihren Gedanken: »Ich verbessere mein Buch des Lebens und korrigiere alles Negative. Ich transformiere all die Dinge, die mich karmisch beeinflussen, in die positive Energie des Geistes.« Wiederholen Sie den Satz mehrere Male. Sie werden merken, dass sich die Bilder im Buch verändern und an Farbe gewinnen. Sie strahlen Ruhe und Glück aus. Sagen

Sie sich innerlich nun: »Es ist geschehen.« Atmen Sie tief ein und aus und genießen Sie die Düfte der Wiese. Öffnen Sie anschließend Ihre Augen.

Prozesse der Seele dauern mehrere Inkarnationen lang. Die Vibration der Seele verändert sich und landet genau dort, wo sie sich weiterentwickeln kann. Man nennt das Familienkarma. Also ist es kein Zufall, dass Sie in Ihre Familie geboren wurden. Diese Energie kann nähren, aber auch abbremsen. Um das Familienkarma zu verbessern und einen besseren Kontakt zur Ahnenreihe herzustellen, gibt es eine kurze Meditation, die man immer wieder machen kann. Diese Meditation dauert nicht sehr lange, aber sie ist sehr effektiv. Legen Sie sich hin und entspannen Sie Ihre Sinne. Stellen Sie sich eine schöne Landschaft vor. Sie haben einen vollen Koffer dabei mit Geschenken. In der Landschaft stehen Hunderte Ihrer Ahnen, die sich freuen, Sie zu begrüßen. Jeder von ihnen hat eine Rose in der Hand. Gehen Sie zu jedem einzelnen Ihrer Ahnen und sammeln Sie die Rosen ein. Bedanken Sie sich bei den Ahnen für dieses Geschenk. Nun haben Sie einen Riesenblumenstrauß in Ihren Armen. Legen Sie die Blumen auf den Boden. Öffnen Sie nun Ihren Koffer und verteilen Sie die Geschenke an jeden Ihrer Vorfahren. Freuen Sie sich mit ihnen. Nun können Sie aus der Vision zurückkehren und den Tag genießen.

Auch das Beziehungskarma spielt eine große Rolle in der seelischen Weiterentwicklung. Wenn wir unsere »bessere Hälfte« finden, jubeln wir und möchten, dass diese Glücksmomente ewig dauern. Doch sie vergehen meistens schnell. Warum nur? Weil nicht die Beziehung und die Ehe das Ziel darstellen, sondern die Weiterentwicklung Ihrer Seele durch und mit dem Partner. Nach der Hochzeit fängt alles erst an. Jeder von uns hat ein Ideal im Kopf, wie der Partner aussehen soll und wie er denken muss. Doch basiert das Ideal auf unserer eigenen Seele. Warum suchen wir nicht einen Partner, der genauso aussieht wie wir? Dann könnten wir uns selbst heiraten. Aber wir denken, dass der Partner denken und fühlen muss wie wir? Keine »bessere Hälfte« ist genau so, wie wir sind, sondern spiegelverkehrt. Die Welt ist dual und besteht aus Plus und Minus. Schamanen sagen sogar, dass eine weibliche Seele oft den männlichen Körper und die männliche den weiblichen bekommt. Beide Hälften suchen sich, doch ob eine Beziehung funktioniert, liegt an der seelischen Entwicklung beider. Eine Beziehung, die aus Sicherheitsgründen oder durch das Ego eingegangen wird, funktioniert nie. Eine echte Beziehung entsteht, wenn mehrere Faktoren stimmen. Die Harmonie sollte im sexuellen, seelischen, herzlichen Bereich liegen. Beide Partner müssen lernen, einander zu verstehen. Eine echte Liebe hält ewig. Wenn Sie hören, dass die Liebe vergangen ist, dann war keine Liebe vorhanden. Echte Liebe ist nicht auf Emotionen oder Sex aufgebaut, sondern auf der Herzensebene. Um die Herzensebene auszubauen und dadurch das Karma zu verbessern, gibt es eine einfache Methode: durch Glaubensmuster. Lernen Sie, auf Ihr Herz zu hören, und fragen Sie es gezielt, was es will. Ich mache das seit Jahren und kann behaupten, dass ich nach meinem Herzen lebe und entscheide. Versuchen Sie, vor jeder Entscheidung Ihr Herz zu befragen, dann werden Sie immer richtig entscheiden. Setzen Sie sich dazu kurz hin und legen Sie Ihre rechte Hand auf das Herz. Versuchen Sie, Ihren Herzschlag zu fühlen. Nach einer Minute können Sie den Herzschlag nicht nur hören, sondern sind eins mit ihm. Nun stellen Sie die Frage: »Was tut dir, mein Herz, heute gut?« Sie bekommen einen Impuls und damit die Antwort. Je länger Sie diese Übung machen, desto schneller kommen die Antworten aus Ihrem Herzchakra.

Meditationen unterstützen Sie dabei, alles zu erreichen, was Sie wollen. Sie können zwischen unzähligen Meditationsmöglichkeiten wählen. Schamanische Meditationen etwa arbeiten gerne mit Krafttieren. Stellen Sie sich in der Meditation einfach ein Krafttier vor, das Ihnen eine besondere Qualität verleihen soll. Wenn Sie mehr Kraft brauchen, sprechen Sie den Bären an. Wollen Sie mehr Spaß im Leben, bitten Sie den Affen darum, Ihnen seine Qualität zu geben. Haben Sie das Gefühl, zu langsam zu sein und mehr Schnelligkeit zu brauchen, wenden Sie sich an eine Antilope oder einen Geparden. Hier eine kurze Zusammenstellung von Krafttieren, die Sie unterstützen können:

- Der Tiger steht für mehr Mut.
- Der Affe steht für Freude und Lebensfreude.
- Der Bär symbolisiert Kraft im Alltag.
- Der Wolf steht für Familienanliegen.
- Der Schwan symbolisiert Kontakte und bringt mehr Charisma.
- Der Rabe steht für Magie.
- Die Eule ist ein Symbol der Weisheit.

Sie können auch schamanische Meditationen mit den Elementen machen:

- Das Luftelement steht für Bewegung und das Zulassen: Beobachten Sie die Wolken am Himmel.

- Das Feuerelement erfüllt Wünsche: Sehen Sie in eine Flamme.
- Das Wasserelement hilft dabei loszulassen: Beobachten Sie einen Fluss.
- Das Erdelement steht für Vertrauen: Laufen Sie barfuß.
- Das Holzelement steht für Wachstum und Entwicklung: Umarmen Sie Bäume.

Eine kurze Meditation über den Planetencode® ist auch eine Alternative:

Legen Sie sich bequem hin.
Schließen Sie Ihre Augen.
Stellen Sie sich vor, Sie liegen unter freiem Himmel, und alle Planeten unseres Sonnensystems sind sichtbar.
Sie stehen am Himmel und senden ihre Energie aus.
Lassen Sie ihre Strahlen in sich hinein. Sie löschen alte Muster und bringen neue Frequenzen.
Ziehen Sie Ihrer Seele gleich mehrere Schutzmäntel aus Planetenenergien an.
Der erste Mantel besteht aus Sonnenenergien in Gold. Er behebt Ihren Energieverlust und spendet Kraft.
Der zweite Mantel besteht aus Mondenergien. Er hat die Farbe Silber und beseitigt Ihre Unstetigkeit und gibt Ihnen Stabilität.
Der dritte Mantel besteht aus Marsenergie und ist rot. Er verarbeitet Aggressionen und sorgt für Aktivität.
Der nächste Mantel besteht aus Merkurenergie und ist gelb. Er wirkt gegen ständiges Grübeln und spendet Glauben.
Der fünfte Mantel besteht aus Jupiterenergien in Orange. Er befreit von Unglück und bringt Lebensfreude.

Der sechste Mantel besteht aus Venusenergien und ist grün. Er schützt Ihre Seele vor Neid und bringt Anerkennung.
Der nächste Mantel besteht aus Saturnenergien. Er hat eine braune Farbe. Er befreit Sie von Unsicherheit und gibt Ihnen das Gefühl, angekommen zu sein.
Der nächste Mantel besteht aus Uranusenergien und hat die Farbe Orange. Er schützt Sie vor Energievampiren und steigert Ihre Lebenskraft.
Der nächste Mantel besteht aus Neptunenergien und ist blau. Er schützt vor falschen Freunden und bringt echte Freunde.
Der letzte Mantel besteht aus Plutoenergien und ist violett. Er bereinigt Ihr Karma und verbessert Ihre positiven Energien.

Atmen Sie nun tief ein und aus und öffnen Sie Ihre Augen.

## Rituale für die Karmaverbesserung

Im Folgenden möchte ich Ihnen noch einige weitere Empfehlungen für die Karma-Umwandlung geben. In Russland wird dem Thema Karma eine besondere Bedeutung zugeschrieben. Denn das Karma ist die Grundlage des Glücks. Jeder Schamane arbeitet damit und hat seine eigenen Werkzeuge, um das Karma zu verbessern. Besonders oft werden Rituale dazu genutzt.

Das bekannteste Ritual, um das eigene Karma zu verbessern, geht so: Nehmen Sie drei beliebige Blumen und drei kleine Kerzen oder Teelichter. Legen Sie die Blumen in Form eines Dreiecks auf den Tisch, also eine Blume unten parallel zur Tischkante und je eine Blume links und rechts, von der unteren Tischkante ausgehend, nach oben in Richtung Mitte der oberen Tischkante. Stellen Sie die Kerzen zu den Blumen und zünden Sie sie an. Sagen Sie beim Anzünden der Kerzen: »Ich verbessere meine Seele und erkenne mein Karma. Ich wandle das negative Karma in das positive Karma um und transformiere alle Bremsen in meinem Leben.« Lassen Sie dann die Kerzen komplett herunterbrennen. Werfen Sie die Kerzenreste weg. Nehmen Sie die drei Blumen in Ihre Hände und halten Sie sie eine Minute lang vor Ihr Herzchakra. Sagen Sie: »Ich habe ein positives Karma für immer und ewig, amen.« Legen Sie anschließend die Blumen in die Natur und bedanken Sie sich bei ihr für ihre Unterstützung.

Ein weiteres beliebtes Ritual, um das Karma zu verbessern, ist das Ritual mit der Asche. Die Asche symbolisiert mehrere Elemente der Natur: Feuer, Holz und Erde. Sie wird daher sehr oft bei schamanischen Zeremonien verwendet. Nehmen Sie drei verschiedene Holzarten und verbrennen Sie sie. Das können drei kleine Zweige sein oder auch größere Holzteile, wenn Sie eine Feuerstelle oder einen Kamin haben. Die durch das Verbrennen entstandene Asche lassen Sie zwölf Stunden lang liegen. Dann füllen Sie sie in ein Glas, geben drei Tropfen beliebiges Öl, z.B. Oliven- oder Sonnenblumenöl, dazu und vermischen die Asche mit dem Öl. Geben Sie noch eine Prise Natursalz dazu. Denken Sie beim Verbrennen des Holzes an Ihr gutes Karma und an Ihre Ruhe und Ihr Glück auf allen Ebenen des Lebens. Diese Heilasche können Sie nun täglich verwenden. Geben Sie einfach immer wieder eine Prise davon in Ihre Hände und verreiben Sie sie. Denken Sie dabei an Ihre Erfüllung im Leben. Arbeiten Sie mit der Asche an mindestens zehn Tagen im Jahr. Folgen Sie Ihrer Intuition.

Das nächste Ritual wandelt Ihr Karma ebenfalls sehr schnell um. Sie brauchen dafür 24 Kerzen und Salz. Die Zahl 24 ist das Doppelte von 12, und dies ist die Zahl der Heiligen. Statt Kerzen können Sie auch hier Teelichter verwenden. Stellen Sie die 24 Kerzen auf einen Tisch oder auf den Boden. Sie können Sie in einer Linie oder im Kreis platzieren. Das entscheiden Sie intuitiv. Zünden Sie nun die Kerzen an. Bitten Sie das Universum um die Unterstützung Ihrer Wünsche. Lassen Sie die Kerzen 15 Minuten lang brennen und streuen Sie in jede Flamme eine Prise Salz. Denken Sie dabei an Ihr gutes Karma und an die Erfüllung Ihrer Wünsche. Werfen Sie anschließend die Kerzenreste weg. Damit beenden Sie das Ritual.

Ein weiteres Ritual, um Ihr eigenes Karma und das Karma zwischen Ihnen und Ihren Mitmenschen zu verbessern, können Sie im Frühling machen. Sie brauchen dafür ein beliebiges verdünntes ätherisches Öl und einige frische Kleeblätter. In der Regel reichen drei Blätter aus. Das ätherische Öl können Sie mit einem Hautöl Ihrer Wahl vermischen. Legen Sie die Kleeblätter auf einen Tisch und reiben Sie Ihre Hände mit dem Öl ein. Nehmen Sie dann das erste Kleeblatt in die Hand und zerreiben Sie es. Sagen Sie: »Ich lösche alle negativen Einflüsse aus meiner Vergangenheit.« Nehmen Sie nun das zweite Kleeblatt und zerreiben Sie es ebenfalls. Sagen Sie: »Ich fokussiere mich auf meine Gegenwart.« Zerreiben Sie zuletzt das dritte Kleeblatt und sagen Sie: »Ich bestimme meine positive Zukunft jetzt.« Waschen Sie anschließend Ihre Hände mit Wasser. Dieser Vorgang programmiert Ihre Aura auf positive Erkenntnisse und Erlebnisse. Sie können dieses Ritual immer wieder wiederholen.

Sibirische Schamanen arbeiten gerne mit Bienenwachs. Sie rollen mit ihm das negative Karma aus und sind überzeugt, dass diese Arbeit alle negativen Energien transformieren kann. Versuchen Sie es einfach und formen Sie ein Stück Bienenwachs zu einer Kugel. Während Sie es rollen, sagen Sie: »Ich rolle alles Negative weg und bekomme Kraft und Power. Mein Karma ist rein.« Anschließend verbrennen oder vergraben Sie die Wachskugel. Solche energetischen Manipulationen werden auch bei Besetzungen (durch Fremdenergien) gemacht.

Sie erinnern sich, dass wir in diesem Dasein verschiedene karmische Tugenden, aber auch alte Schulden haben. Das Ritual, das nun folgt, dient einem besseren Geldkarma. Nehmen Sie ein Blatt Papier im A4-Format und sieben beliebige Geldscheine. Schreiben Sie zuerst Ihren ersten Vornamen (wie er in Ihrem Ausweis steht) auf das Papier. Legen Sie nun die Geldscheine auf das Blatt. Zünden Sie vier Kerzen an und bitten Sie das Universum, Sie in Geldfragen zu unterstützen. Formulieren Sie Ihren Wunsch, ohne die Worte »nein« oder »kein« zu benutzen, als Feststellung, z.B. »Ich habe finanzielle Sicherheit« oder »Ich bin abgesichert« oder »Meine Wünsche sind erfüllt«. Lassen Sie die Kerzen nun abbrennen und werfen Sie dann die Kerzenreste weg. Falten Sie anschließend das Blatt mit den Geldscheinen zusammen und lassen Sie es im Haus wirken. Nach einem Jahr können Sie das Ritual wiederholen. Die Geldscheine können Sie weiterhin verwenden.

Ein wichtiger Aspekt im Hinblick auf unser Karma ist das Wahrnehmen unseres eigenen Körpers. Auch hierzu möchte ich Ihnen einen Tipp geben. Setzen Sie sich einmal täglich bequem hin und beobachten Sie Ihren Körper. Fragen Sie ihn, was ihm fehlt. Unterhalten Sie sich mit Ihren Organen und Körperteilen. Umarmen Sie sich und sagen Sie laut: »Ich liebe mich und meinen Körper und erschaffe dadurch ein positives Karma.« Machen Sie anschließend ein Ritual mit zwei Kerzen. Lassen Sie zwei beliebige Kerzen brennen. Taufen Sie sie auf die Namen »Liebe« und »Glück«. Nehmen Sie beide Kerzen in die Hände, und verbinden Sie kurz ihre Flammen miteinander. Sagen Sie: »Liebe und Glück für mein Karma und mein Leben, amen.« Löschen Sie die Kerzen und verwenden Sie sie immer wieder, bis sie schließlich abgebrannt sind. Werfen Sie die Kerzenreste dann weg.

Sie können auch ein Zahlen-Amulett für besseres Karma herstellen. Nehmen Sie einen beliebigen Stein und einen Filzstift. Schreiben Sie auf den Stein Ihr komplettes Geburtsdatum, z.B. 12.03.1976, und legen Sie den Stein in Ihrer Küche irgendwo hin. Der Stein besitzt einen starken Geist und Frequenzen, die nun mit Ihrem Geburtsdatum kommunizieren. Lassen Sie den Amulettstein ein Jahr lang wirken und legen Sie ihn danach in die Natur. Das Ritual können Sie jedes Jahr wiederholen.

## Weitere Tipps für die Karmaverbesserung

Wissenschaftlich bewiesen ist folgende Aussage: Jede unserer Zellen teilt sich etwa 40 bis 50 Mal, bevor sie sozusagen stirbt. Folglich besteht Ihr heutiger Körper aus neuen Zellen, die Sie vor ein paar Jahren nicht in dieser Form hatten. Trotzdem denken Sie noch immer, Sie haben Ihre Identität und fühlen sich immer noch als Sie selbst. Wo liegen die Informationen Ihrer Individualität? Meiner Überzeugung nach in Ihrer Seele, die mit dem Karma Ihrer Vorinkarnationen verbunden ist. Man kann nicht sagen, warum Neugeborene verschiedene Charakterzüge haben oder Ängste. Auch diese liegen in der Seele, die jeder aus dem Vorleben mitnimmt, oder vielmehr besiedelt die Seele einen neuen Körper und lebt dort weiter. Auch Ihr Karma ist in der Seele gespeichert.

Wozu sind wir geboren? Um uns zu vermehren und zu sterben? Das wäre zu einfach. Wir kommen hierher, um die Seele zu erweitern und ihre Ziele zu erreichen. Es geht also um unsere eigene seelische Evolution. Um die Seele zu entwickeln, brauchen wir höhere Ziele und Bewegung. Ohne sie gibt es kein Leben. Auch unser Glück hat mit unserem Streben zu tun, unsere Ziele zu erreichen; aber nicht nur damit, sondern vielmehr mit dem Weg zu diesen Zielen. Was also wirklich von Bedeutung ist, sind die Bewegung und der Prozess. Dazu schlage ich Ihnen folgende Vision vor: Setzen Sie sich hin und schließen Sie Ihre Augen. Denken Sie an Ihre Ziele und stellen Sie sich vor, wie Sie diese erreichen wollen. Gehen Sie in der Vision einen Weg. Was brauchen Sie für Ihre Ziele? Alles liegt vor Ihren Füßen. Schauen Sie genau hin und sammeln Sie die wichtigsten Gegenstände, die Sie sehen, in eine Tasche. Nehmen Sie alles mit, was Sie finden, ohne darüber nachzudenken, was diese Gegenstände bedeuten. So nehmen Sie die Antworten Ihres Karmas wahr. Öffnen Sie danach Ihre Augen und analysieren Sie die Gegenstände, die Sie gefunden haben. Sie werden bestimmt einige Dinge sofort verstehen. Wiederholen Sie diese Vision immer wieder einmal.

Jede Seele entwickelt sich durch verschiedene Stadien:

- Kinder entwickeln ihre Seele durch körperliche Betätigung.
- Die Pubertät bringt die nächste Entwicklungsstufe, die die ersten Ziele identifiziert. Hier kommen Wünsche und Ziele zur Geltung – also das Ego.
- Danach kommt die wichtigste seelische Zeit – die Zeit der Reife des seelischen Plans. Diese Phase geht bis ungefähr zum 30. Lebensjahr. Hier analysieren wir immer mehr, was um uns herum passiert.
- Danach folgt das Stadium des Individuums, in dem wir unsere Ziele verfolgen, falls wir denn welche haben. Dies geschieht bis ca. zum 42. Lebensjahr. Hier lernen wir auch, wirklich zu lieben.
- Nun folgt die Endstation – wir denken nicht mehr körperlich, sondern überwiegend seelisch und fragen uns, welche höheren Ziele wir verfolgen. In dieser Zeit sind uns die Interessen anderer Menschen wichtig.

All diese Stadien hängen mit unserer Seele zusammen, sprich mit dem Karma. Wir gehen einen Weg, der bereits vorgeschrieben ist. Einer musiziert, ein anderer berät Menschen, und der nächste macht Politik. Nur die Seele bestimmt diese Wege und unsere Umgebung. Also ist es kein Zufall, dass Sie genau den Job machen, den Sie machen. Analysieren Sie nun, in welchem Stadium Ihre Seele sich befindet. Sind Sie vielleicht in einem Stadium der seelischen Zeit stecken geblieben und nicht weitergekommen? Kein Problem, denn auch hier gibt es eine seelische Übung, eine Vision, die Sie weiterbringt. Ich nenne sie »Kreuzübung«. Das Kreuz gilt als karmisches Zeichen und hilft uns, das eigene Karma zu verarbeiten. Setzen Sie sich bequem hin und schließen Sie Ihre Augen. Stellen Sie sich vor, dass Sie auf einer Kreuzung stehen. Das kann eine Straßenkreuzung sein oder eine Kreuzung irgendwo in der Natur, etwa im Wald. Wenn Sie sich die Kreuzung auf der Straße vorstellen, sehen Sie viele Autos, die sie überqueren. Wenn Sie jedoch im Wald sind, laufen verschiedene Tiere über die Kreuzung, und auch Vögel fliegen vorbei. Sie stehen in Ihrer Vision in der Mitte der Kreuzung und beobachten das Geschehen. Sie tun nichts. Sie stellen sich nur vor, sich auf einer Art Insel zu befinden. Hierher kann kein Auto oder auch kein Tier kommen. Sie sind geschützt und in Ihrem privaten Bereich. Verinnerlichen Sie dieses Gefühl. Sagen Sie sich innerlich: »Ich bin in Sicherheit, und mein Karma wird verbessert.« Sie können diese Vision täglich machen, um Ihr eigenes Karma schneller zu transformieren.

Viele Menschen, die zu mir in die Beratung kommen, sind unglücklich. Sie sind einsam und nie daran schuld, dass sie es sind. Doch entstehen Alleinsein, Einsamkeit und Unglück in uns selbst! Die Seele sucht sich den Partner nicht als Ideal aus, sondern als Ergänzung und als eine Art Korrektur unserer eigenen Fehler. Außerdem wird man einsam, wenn man zu große Erwartungen hat und, anstatt miteinander zu leben, den anderen umzuerziehen versucht. So entstehen viele Ängste, die ebenfalls einsam machen. Den Verlust des Liebsten durch den Tod empfinden viele Menschen als leichter, als wenn er fremdgehen würde. Auch dafür ist ein zu großes Ego verantwortlich.

In den allermeisten Fällen ist die Ursache für die Einsamkeit in der Seele zu suchen, die lernen muss zu verstehen, dass jede Beziehung Zusammenarbeit bedeutet. Also schalten Sie Ihre Erwartungen aus und erschaffen Sie Wünsche.

Die Verschiebung der männlich-weiblichen Energie in der Gesellschaft spielt ebenso eine große Rolle für die seelische Entwicklung. Frauen sind emanzipiert, und Männer haben sehr viele weibliche Anteile. Eine Frau konnte man einst mit einem Sender vergleichen und einen Mann mit einer Antenne, was mittlerweile nicht mehr der Fall ist. Wissen Sie, dass Frauen meistens die Männer verlassen, die all ihre Wünsche erfüllen? Warum? Weil keine seelische Entwicklung mehr möglich ist. Die Seele braucht immer ein Kontra oder eine Art Bremse der Instinkte. Ein Konflikt hilft, auf die nächste Entwicklungsstufe zu kommen. Wenn Sie das verstehen, werden Sie immer weniger Konflikte in Ihrem Leben haben. Analysieren Sie daher jeden Konflikt, den Sie erleben. Suchen Sie nach Antworten und bedanken Sie sich für diese Erfahrung. Ich habe auch hier eine kurze meditative Übung für Sie: Setzen Sie sich hin und schließen Sie Ihre Augen. Konzentrieren Sie sich auf Ihre Füße. Nun stellen Sie sich den Konflikt bildlich vor. Stellen Sie sich den Konflikt als Menschen oder eine Gestalt vor. Füttern Sie den Konflikt mit Süßigkeiten und bitten Sie ihn wegzugehen. Fragen Sie ihn aber auch, warum er entstanden ist. Sie bekommen bestimmt eine Antwort, die Sie weiterbringt. So können Sie beinahe alle Konflikte in Ihrem Leben lösen. Öffnen Sie nun Ihre Augen und beobachten Sie, was geschieht.

Die Selbstentwicklung jeder Seele ist ein Bestandteil von Glück. Dazu gehören Karriere, Geld, Familie sowie die seelische Entwicklung. Durch Beziehungen lernen wir, geduldig zu sein und zu verzeihen. Das sind zwei wichtige Komponenten, die die Seele zum Wachsen bringen. Wir brauchen diese Beziehungen, um zu reifen, schließlich sind wir ein Teil der Gesellschaft.

Haben Sie Ziele? Es gibt Menschen, die bereits in der Kindheit wissen, was sie werden. Sie erkennen diese Ziele aus ihrem Vorleben. Es gibt aber auch Menschen, die es im Alter immer noch nicht wissen. Die Seele braucht immer neue Qualitäten, die sie durch Probleme erlernt. Ob materielle Sicherheit, Erfolg oder Liebe – alles kommt schnell, wenn man sich die Frage stellt, was die Seele will. Und wenn man alles bereits erreicht und keine weiteren Ziele vor Augen hat, gibt es einen seelischen Stopp. Ein Job ist nicht dafür gedacht, um Geld zu verdienen, sondern um in Bewegung zu bleiben und um sich neue Ziele zu setzen. Daher empfehle ich Ihnen an dieser Stelle, sich immer neue Ziele zu stecken. Diese bringen Bewegung und Energie. Erstellen Sie am besten alljährlich eine Zielliste. Schreiben Sie alles auf, was Sie erreichen wollen, und beschäftigen Sie sich mit dieser Liste täglich. Wenn Sie neue Ziele entdecken, tragen Sie sie in die Liste nachträglich ein. Ich persönlich mache mir sogar mehrere Listen. Eine ist für das komplette Jahr, und dann stelle ich noch zusätzlich Monatslisten auf. So habe ich meine Ziele immer vor Augen.

Wir sind die Entscheider in unserem Leben, und nur von uns hängt alles ab. Um Erfolg zu haben, müssen Ziele klar formuliert werden. So bekommen wir genug Energie, um diese Ziele zu erreichen. Dazu gehört allerdings auch der Wunsch, ans Ziel zu kommen. Merken Sie sich also:

- Sie brauchen ein Ziel und den Wunsch, es zu erreichen.
- Sie sollten ein konkretes Ziel vor Augen haben.
- Sie müssen sich das maximale Ziel vorstellen.
- Sie sollten Ihre Schritte nach und nach planen.
- Sie sollten an dem Ziel festhalten und niemals aufgeben.
- Sie dürfen mit Ihrem Ziel niemandem schaden.

- Sie sollten Ihre Emotionen reduzieren, denn sie kosten Energie.
- Erzählen Sie niemandem von Ihrem Ziel.
- Genießen Sie den Prozess auf dem Weg zu Ihrem Ziel.
- Arbeiten Sie an Ihren Ängsten vor der Zukunft, Situationen, Konflikten, Schmerzen, Misserfolg etc.
- Arbeiten Sie stets an Ihrer Selbstliebe.
- Genießen Sie Ihr Leben jede Sekunde.
- Überlegen Sie sich, was Sie tun.

Löschen Sie Ihre Boykottprogramme, um Ihre Ziele zu erreichen. Nur Sie sind für Ihr Leben verantwortlich, und niemand schuldet Ihnen etwas. Analysieren Sie das, und Ihre negativen Programme werden verschwinden. Vergessen Sie Ihre Seele nicht. Sie braucht mindestens 30 Prozent Ihrer gesamten Energie. Diese können Sie steigern, indem Sie für andere etwas tun und sich täglich mit Ihrer Seele beschäftigen. So wird Ihr Energielevel steigen. Nutzen Sie die Planetenenergien, die ich in diesem Buch beschrieben habe, um Ihre Ziele zu erreichen. Seien Sie Ihrem Schicksal dankbar für die Geschenke. Auch das verbessert Ihr Karma.

Seien Sie dankbar für:

- den Partner/die Partnerin, der/die nachts schnarcht, denn er/sie ist nicht bei einer Liebhaberin oder einem Liebhaber;
- für das Geschirr, das nach einer Fete gewaschen werden muss, denn Sie haben gute Freunde;
- für Ihre Kleidung, die zu klein geworden ist, denn Sie haben genug zu essen;
- für Ihren Schatten, denn Sie haben genug Licht um sich herum;

- für viel Wäsche, denn Sie haben genug zum Anziehen;
- für die Müdigkeit am Ende des Tages, denn Sie können sich noch verausgaben;
- für den Wecker in der Früh, denn Sie leben noch.

Bedenken Sie diese alte chinesische Weisheit: »Wenn ein Vogel lebt, frisst er Ameisen. Wenn der Vogel tot ist, fressen sie ihn.« Die Umstände können sich schnell ändern.

Sie können heute sehr stark sein, doch die Zeit ist stärker als Sie. Genießen Sie daher jede Sekunde Ihres Lebens.

Auch wenn aus einem Baum Millionen von Streichhölzern gemacht werden können, so reicht nur ein Streichholz, um eine Million Bäume zu verbrennen. Denken Sie darüber nach.

Das Glücksgeheimnis des Menschen liegt an seiner Wahrnehmung. Jeder Mensch hat in seinem Hinterkopf seine Wünsche und Kummer sitzen. Auf seiner Nase sitzt der Erfolg. Wenn Sie den Kopf hängen lassen, rutscht Ihr Erfolg hinunter, und Ihr Kummer überwiegt. Wenn Sie Ihre Nase hoch halten, rutscht Ihr Kummer hinunter, weil der Erfolg überwiegt.

Bedenken Sie:

- Zorn schwächt die Leber.
- Trauer schwächt die Lunge.
- Sorgen schwächen den Magen.
- Angst schwächt die Nieren.
- Stress schwächt das Herz und das Gehirn.
- Lachen reduziert Stress und verbreitet Glück.
- Liebe heilt alles und schafft Harmonie. Sie stärkt Ihren Geist und Ihren Körper und verändert dadurch das Karma.

Um Belastungen wie die oben genannten zu korrigieren, empfehle ich Ihnen, immer wieder eine fünfminütige Druckmassage der Finger zu machen:

- Stress, Sorgen, Anspannung: Daumenballen und Daumen
- Angst, Verdauungsbeschwerden, Rückenschmerzen: Zeigefinger
- Ärger, Erschöpfung, Frust: Mittelfinger
- Traurigkeit, Kummer: Ringfinger
- Übertreibung, Herzleiden: Kleinfinger
- Energieverlust: Mittelhand

Schamanen sprechen oft von der sogenannten goldenen Mitte. Ohne sie kann kein Leben funktionieren. Alle karmischen Korrekturen beheben die Ursachen einer fehlenden goldenen Mitte. Damit Sie das Konzept »goldene Mitte« besser verstehen, stellen Sie sich vor, Sie sehen eine leere Sitzbank. Wo setzen Sie sich hin? Die meisten Menschen platzieren sich rechts oder links sehr nahe zur Mitte der Sitzbank. Denn es geht unbewusst um die goldene Mitte. Setzt man sich eher rechts, dann hat man einige Dinge im Leben noch anzupacken. Setzt man sich eher links, dann ist man im Moment in Passivität gefangen. Sollte man sich jedoch direkt in die Mitte setzen, dann ist man in seiner goldenen Mitte angekommen. Dies ist jedoch sehr selten der Fall.

Im Folgenden möchte ich Ihnen noch einige Tipps geben, die Ihr Leben vereinfachen und Ihnen dabei helfen, auf unbewusster Ebene zu erkennen, welche Menschen Sie umgeben. Sie unterstützen die Kommunikation und erleichtern den Kontakt zu Ihren Mitmenschen:

- Wenn mehrere Menschen zusammen lachen, sehen Sie unbewusst denjenigen an, der Ihnen am sympathischsten ist.

- Wenn Sie genervt sind, sollten Sie etwas kauen. Wenn zwei Menschen streiten, nehmen Sie etwas Essbares und gehen Sie dazwischen. Das Betrachten von Essen vertreibt Stress auf unbewusster Ebene schnell. Beim Kauen glaubt das Gehirn, dass keine Gefahr droht.
- Schauen Sie Ihrem Gesprächspartner in die Augen, wenn Sie Informationen brauchen. Wortloses Hinschauen animiert ihn zum Sprechen.
- Wenn Sie jemandem einen Rat geben wollen, sollten Sie einen Spiegel so hinter sich stellen, dass Ihr Gesprächspartner sich selbst sehen kann. Weil niemand sich wütend oder leidend sehen mag, wird er ruhig und gelassen sein Herz für Ihre Vorschläge und Tipps öffnen.
- Wenn Sie Ihrem Gesprächspartner einen Gegenstand geben wollen, den dieser nicht annehmen will, sollten Sie ihm irgendeine private Frage stellen. Während er antwortet, ist sein Gehirn so beschäftigt, dass Sie ihm den Gegenstand einfach in die Hände drücken können. Reflexhaft nimmt er ihn nun an.
- Wenn Sie sich mit jemandem anfreunden wollen, sollten Sie diese Person nach etwas fragen, das sie Ihnen leihen oder reichen kann, z.B. eine Serviette, Salz, einen Kugelschreiber. Unbewusst meint Ihr Gegenüber dann, dass Sie es mögen.
- Wichtige Termine sollten Sie vormittags oder abends erledigen. Unser Gehirn speichert Informationen aus diesen Zeiten am besten.
- Die Spiegelung der Bewegungen eines Gesprächspartners oder seiner Mimik lässt ihn aufblühen.

# SCHLUSSWORT

Liebe Leserin, lieber Leser,

das Thema Karma ist unendlich vielfältig. Es gibt viele Einsichten dazu, und Sie müssen versuchen, Ihre eigenen Erkenntnisse zu dem Thema zu finden. Das Karma ist für mich eine Energie, die uns im Leben begleitet. Sie ist nicht schlecht und nicht gut. Diese Energie betrifft unsere Seele und ist eine Art Leitfaden in dieser Inkarnation. Das positive Karma entsteht durch positive Einstellungen und Taten. Daher sollten Sie versuchen, jeden Tag eine gute Tat zu verwirklichen, damit Ihr eigenes Karma transformiert wird. Sie können dabei sich selbst oder jemand anderen glücklich machen. Das muss nicht einmal etwas kosten. Schenken Sie Ihren Mitmenschen ein Lächeln oder ein Gespräch oder hören Sie einfach zu. Das Karma ist eine Art Treibstoff, wenn es positiv ist, und eine Art Bremse, wenn es negative Anteile hat. Gönnen Sie sich und Ihren Mitmenschen Freude und genießen Sie jeden Tag des Lebens, der Ihnen geschenkt wurde. Versuchen Sie, das Leben auszukosten, Ihr Karma wird dadurch immer positiver. Ich selbst habe lernen dürfen, meine Mitmenschen zu achten und zu lieben, aber auch mich selbst nicht zu vergessen. Denn das ist ein sehr wichtiger Aspekt. Leben und leben lassen ist für mich das größte Gebot in dieser Inkarnation auf

Erden. Anderen Menschen zu helfen und das Leben zu genießen, anstatt sich mit Problemen zu beschäftigen, verbessert das Karma enorm.

Sie haben bereits vieles lernen dürfen. Setzen Sie das Gelernte in die Tat um und werden Sie noch glücklicher. Lassen Sie Dinge los, die es nicht wert sind, erledigt zu werden. Fragen Sie sich stets, was Ihnen Spaß macht, und leben Sie das aus. Denn Freude gehört zu einem glücklichen Leben und verbessert Ihr karmisches Gut. Haben Sie Lust am Leben und arbeiten Sie mit den kosmischen Werkzeugen. Suchen Sie nach Ihrer goldenen Mitte und befreien Sie sich vom alten Karma. Ich wünsche Ihnen viel Erfolg dabei!

Ihr Vadim Tschenze

# LITERATUR

**Bücher des Autors**

»Russisch-tibetische Honigmassage«, Videel 2001

»Das geheime Wissen – Einführung in die Welt der Esoterik«, Silberschnur 2006

»Orientalisches Wahrsagen – Kaffeesatzlesen«, Silberschnur 2007

»Geheimnisse der Liebesmagie«, Silberschnur 2008

»Übersinnliche Phänomene«, Silberschnur 2008

»Das alte russische Wissen«, Silberschnur 2009

»Die russische Kräuterheilkunde«, Aquamarin 2012

»Vadims Methode«, Goldmann 2014

»Die Aura und die Haut«, zusammen mit Katarina Michel, Aquamarin 2015

»Vetucha-Heilung – Die russische Magiemethode zur Selbstheilung«, Goldmann 2016

»Wer war ich in meinem früheren Leben? Die alte russische Karma- und Reinkarnationslehre«, Goldmann 2016

»Vadims schamanischer Kalender: Russische Heilrituale für das ganze Jahr«, Goldmann 2017

»Sex und Karma: Entdecke die Lust, die dir innewohnt«, Goldmann 2017

»Heilenergetische Ernährung: Russisch-schamanische Lebensessenzen und Rezepturen«, Goldmann 2017

»Meine 100 Seelenschützer: Spirituelle Praktiken, die uns stark machen«, Goldmann 2018
»Matrix-Wiederherstellung – Ganzheitliche Heilung durch Kräuter- und Energiemedizin«, Goldmann 2020
»Das Engelalphabet – Die geheime Sprache der himmlischen Wesen für Schutz und Heilung«, Goldmann 2020
»Das spirituelle Buch von der Selbstliebe: Rituale, Übungen, Meditationen für jeden Tag (Spiritualität)«, Unum 2020

**Geführte Meditationen auf CD**

»Goldene Mitte: Verändere Dein Leben – Meditation zur Blockadenlösung bei karmischen Ursachen«
»Heilende Gebete für Liebe, Wohlbefinden, Geld und Blockadenlösung«
»Wasser aufladen: Heilende Töne für die Seele zum Wasseraufladen und für mehr Lebensqualität«
»Mystische Zahlenmeditation: Öffne und stärke dein Herzchakra«, Arkana 2017
»Meditation der fünf schamanischen Elemente: Erfülle deine Wünsche und finde Harmonie«, Arkana 2017
»Meditationen der Weiblichkeit: Erwecke deine ursprüngliche Liebe und Intuition«, Arkana 2017
»Vadims russische Heilgeheimnisse: Hoch energetisierende Übungen für umfassenden Aura-Schutz und Lösung von Blockaden«, Arkana 2020

**Seminare auf DVD**

»Kartenlegen einfach gelernt, Seminar für Anfänger und Fortgeschrittene mit Vadim Tschenze – Basiskurs«
»Kartenlegen einfach gelernt, Seminar für Fortgeschrittene mit Vadim Tschenze – Aufbaukurs«

»Wohlfühlmassagen«
»Aberglaube, Magie, Wünsche und Heilung – Ein Vortrag mit Vadim Tschenze«

Mehrere Kartendecks von Vadim Tschenze zum Selbstdrucken finden Sie bei Elopage.de:
https://elopage.com/s/www.vadimtschenze.de

Besuchen Sie auch seinen YouTube-Kanal
http://bit.ly/2B2vygD

# SEMINARE

Eine Auswahl von Seminaren an der Vadim Tschenze Akademie:

Russischer Schamanismus
Heilseminare
Geistheilung und Blockadenlösung
Kartenlegen nach russischer und sibirischer Tradition
Moderne Karmalehre und Numerologie
Engelweisheiten, Traumarbeit und Kaffeesatzlesen
Spirituelle Geistheilung hautnah in der Karibik
Channeling
Vetucha Healing
Selbstheilung durch Kräfte der Natur und Kräuterwissen
Anti-Aging durch Kräuterlehre
Schamanische Aufstellung der Neuzeit
Auslandsseminare

Fordern Sie bitte das Gesamtverzeichnis an!
Homepage: www.vadimtschenze.ch

# SACHREGISTER